Der erfolgreiche Einstieg in die Bodenarbeit mit Pferden: Pferde am Boden verstehen und trainieren

CARINA DIESKAMP

Bibliografische Information der Deutschen Nationalbibliothek:

Die Deutsche Nationalbibliothek verzeichnet diese Publikation in der Deutschen Nationalbibliografie; detaillierte bibliografische Daten sind im Internet über http://dnb.dnb.de abrufbar.

1. Auflage 2021

ISBN: 9798481671444

https://published4you.de

Inhaltsverzeichnis

Vorwort

„Wo auch immer Menschen Fußabdrücke hinterließen - man findet Hufabdrücke neben ihnen"

Mit einem Pferd zu arbeiten, bedeutet in erster Linie die Besonderheit seines Wesens zu erkennen und anzunehmen. Es ist bewundernswert, wie sich heutige Pferdebesitzer im Gegensatz zu Früher um eine bewusste Ausbildung bemühen. Leider stelle ich in meiner alltäglichen Arbeit mit Pferd und Besitzer fest, dass sie oft nicht in der Lage sind, das Ausbildungsideal richtig umzusetzen - es fehlt schlichtweg an Wissen. Aus diesem Grund ist dieser Ratgeber entstanden. Es ist mir ein Anliegen, durch dieses Buch zu vermitteln, welche Möglichkeiten man als Mensch hat, um mit einem Pferd vom Boden aus mit Freude zusammenzuarbeiten. Es gibt eine sehr große Anzahl an Ausbildungsoptionen, von denen ich, aus meiner Sicht und meinem Erfahrungsschatz, hier die wichtigsten vorstellen möchte. Von der Ausbildung des Jungpferdes, über Longenarbeit bis hin zur Zirzensik, finden Sie in diesem Ratgeber einiges an Anregungen und Basiswissen.

Die Bodenarbeit
Grundlagen und Voraussetzungen

Was ist Bodenarbeit und warum ist sie so wichtig?

Bodenarbeit ist ein allumfassender Begriff, der weitschichtig alle Maßnahmen und Tätigkeiten mit dem Pferd, vom Boden ausgehend, beschreibt - zum Beispiel Longieren, Langzügelarbeit, Natural Horsemanship oder das Spielen mit einem Pferd.

Bodenarbeit gilt als Ausbildungsbasis und dient vorwiegend der Vorbereitung für die Arbeit unter dem Sattel. Sie ist der wichtigste Baustein für die Kommunikation zwischen Mensch und Pferd und ist somit die Grundvoraussetzung für eine gute Beziehung.

Die Bodenarbeit, wird von vielen Reitern als notwendiges Übel gesehen, die beim Anreiten eines Jungpferdes Anwendung findet. Zuweilen gilt sie auch als bequeme Alternative, um ein Pferd „schnell mal" etwas zu bewegen. Bei richtiger Anwendung und intensiver Beschäftigung ist sie jedoch eine hervorragende Trainingsmöglichkeit innerhalb der gesamten Arbeit mit Pferden.

Die **klassische Bodenarbeit** unterteilt sich in drei Abschnitte der Ausbildung:

1. Gewöhnungsphase
2. Entwicklung der Schubkraft
3. Entwicklung der Tragkraft

Alle drei Phasen gehen fließend ineinander über und stellen den Grundstock für die Ausbildung eines Reitpferdes dar. Zusammengefasst sind diese Abschnitte in der **Skala der Ausbildung.** Hier ist die Ausbildung des Pferdes in einer grundlegenden Übersicht dargestellt; festgelegt durch die deutsche Reiterliche Vereinigung.

Die Ausbildung erfolgt in sechs Schritten:

1. Takt
2. Losgelassenheit
3. Anlehnung
4. Schwung
5. Geraderichten
6. Versammlung

Das Ziel der klassischen Bodenarbeit sollen letzten Endes die Durchlässigkeit und der entspannte Umgang im Training sein.

Die Grundausbildung eines Pferdes beginnt meist im Alter von drei Jahren. Wichtig ist es, ein solides Ausbildungsumfeld zu schaffen, um so die Basis für das notwendige Vertrauen zwischen Mensch und Pferd zu erlangen. Diese setzt die Sicherheit und somit auch den Spaß am Umgang mit dem Tier voraus. Nur auf ein gutes Fundament kann man weitere Lektionen aufbauen. Es ist wichtig, bereits im Fohlenalter mit grundsätzlichen Dingen wie Führen an Halfter und Führstrick zu beginnen. Dies ist bereits eine erste Art der Bodenarbeit. Erweitert werden diese ersten Schritte durch das Erlernen von Kommandos wie Halt, Komm und Zurück. Eine wichtige Komponente ist es, den Abstand zwischen Mensch und Pferd so zu variieren, dass die richtige Dosis zwischen Druck und nachgeben entsteht. Auf die gleiche Art findet dies auch in der Herde statt. Ein Pferd kann nur verstehen, was es aus dem natürlichen Herdenverhalten kennt. Alle Trainingsweisen, die auf dem natürlichen Verhalten basieren, sollten einfühlsam geschehen und von ruhiger Hand durchgeführt werden.

Die Bodenarbeit ist aber nicht nur für die Ausbildung junger Pferde bestimmt. Sie bedeutet auch Bewegung ohne Reitergewicht, Muskelaufbau, Kopfarbeit und Gymnastizieren, um so die Beweglichkeit und die Balance des Pferdes zu verbessern.

Bei ängstlichen, traumatisierten und verhaltensgestörten Pferden ist die Arbeit am Boden das Bindeglied zur Kontaktaufnahme. „Natural Horsemanship" ist zum Beispiel eine gängige Methode, um mit einem „schwierigen Pferd" in Kommunikation zu treten. Die wichtigste Botschaft eines „Pferdeflüsterers" sollte lauten:

„Erlerne die Fähigkeit, das Verhalten und die Körpersprache deines Pferdes zu verstehen und richtig anzuwenden."

Voraussetzungen für erfolgreiche Bodenarbeit sind:

    a) eine gute Beobachtungsgabe,
    b) die sachliche Analyse,
    c) Ruhe und Gelassenheit beim Ausbilder und
    d) Einfühlungsvermögen in die Situation.

Es ist wichtig, dass ein Pferd ab einem bestimmten Alter die grundlegenden Umgangsformen mit dem Menschen beherrscht. Wie bei den Menschen sind manche Pferde eher dazu bereit als andere. Dies ist individuell zu berücksichtigen. Der Zeitpunkt, um das Fundament für ein spannungsfreies Miteinander zu bilden, darf nicht verpasst werden. Ein Pferd sollte sich mühelos von der Koppel holen lassen, in den Hänger steigen (ohne dass Gefahrenpotential von ihm ausgeht) und akzeptieren, wenn seine Box von einem Menschen betreten wird. Ist das nicht der Fall, kann der Umgang gefährlich werden oder frustrierend sein. Es gibt also viele gute Motive mit einem Pferd vom Boden aus zu arbeiten. Im Grunde dient jede Art von Bodenarbeit dem Zweck, dass das Pferd positiv und ohne Widerstand mit dem Menschen agiert.

FAZIT

Die richtige Kommunikation zwischen Menschen und Pferd ist der Grundbaustein für ein gemeinsames Miteinander. Es gibt verschiedene Möglichkeiten der Bodenarbeit. Was aber alle Umgangsformen gemeinsam haben, ist die Verbesserung der Zusammenarbeit und des Vertrauens. Deshalb sollte man stets bemüht sein, im Einklang mit dem Pferd zu arbeiten.

Voraussetzungen beim Pferd

Um Spaß und Sicherheit mit einem Pferd gewährleisten zu können, ist es ratsam folgende Dinge vorab zu klären:

1. In welcher gesundheitlichen Verfassung befindet sich das Pferd, mit dem gearbeitet werden soll? Kann es, bezogen auf die Erwartungen, die in der Bodenarbeit gestellt werden, diese erfüllen?
2. Ist das Pferd in einem ausbildungsreifen Alter? Kann es bereits umsetzen, was von ihm erwartet wird?
3. Befindet sich das Pferd **noch** in einem ausbildungsgerechten Alter?
4. Wird die Bodenarbeit mit einem kooperativen Pferd, das bereits Erfahrung hat und gerne arbeitet, umgesetzt, oder hat man es mit einem Problempferd zu tun?

5. Kann die Bodenarbeit mit dem Tier eventuell die Sicherheit gefährden?

Bevor man mit der Bodenarbeit beginnt, ist zu klären, ob sich das Pferd in einem arbeitsgerechten Zustand befindet. Krankheiten wie Hufrehe, Arthrose, starke Verspannungen oder Wirbelblockaden können die Arbeit erheblich beeinflussen. Unter Schmerzen ist ein Pferd kaum gewillt zu kooperieren und Aufgaben zu lösen.

Wann ein Pferd bereit für die Ausbildung ist und ab wann damit begonnen werden kann, ihm Aufgaben zu stellen, ist individuell unterschiedlich. Dabei kommt es im Wesentlichen auch auf Kriterien wie den Charakter, das Temperament und die Vorgeschichte an. Geistig sind Jungpferde meist ab 1,5 Jahren in der Lage, grundlegende Übungen der Bodenarbeit umzusetzen. Sicherlich ist wichtig, noch nicht zu viel zu erwarten. Einiges können Pferde auch schon in diesem Alter erlernen. Pferde unter 1,5 Jahren befinden sich mitten in der Kinderstube. Der Umgang mit Gleichaltrigen prägt das Tier nachhaltig und ist Voraussetzung für ein gesundes, soziales Herdenverhalten. Diese natürliche „Vorschulzeit" erleichtert die weitere Ausbildung in der Bodenarbeit immens.

Die Arbeit an der Hand ist die ideale Form, um ein Pferd zu gymnastizieren und zu bewegen. Ist das Pferd allerdings schon sehr alt und hat es bereits viele (womöglich schwere) Jahre unter dem Sattel hinter sich, ist zu überlegen, ob man es nicht besser in den wohlverdienten Ruhestand auf eine „Rentnerweide" gibt. Leichte Formen der Bodenarbeit sind jedoch in jedem Fall zum Wohle des Tieres sinnvoll einsetzbar. Auch in die Jahre gekommene Pferde finden Freude daran, täglich bewegt und beschäftigt zu werden.

Vor Beginn der Bodenarbeit sollte ein Pferd genau betrachtet und beobachtet werden, um sich so einen Eindruck über das zu erwartende Verhalten zu verschaffen. Wichtig ist zu wissen, welchen Charakter das Pferd hat, mit dem man arbeiten möchte. Ist es eher bockig, sträubt es sich zuweilen (vor allem in bestimmten Situationen) oder ist es zum Beispiel sehr temperamentvoll? So individuell wie die Menschen sind auch die Pferde. Als Ausbilder stellt man sich vorab auf das Pferd und die Situation ein. Die Trainingseinheit sollte möglichst genau vorbereitet werden.

Wenn der Umgang unter Umständen gefährlich werden könnte, weil das Tier stark verängstigt, angespannt oder einfach überhaupt nicht an den Menschen gewöhnt ist, empfiehlt es sich, einen Fachmann zurate zu ziehen. In keinem Fall sollte man unüberlegt handeln! Dies kann zu irreparablen Vertrauensschäden führen, im schlimmsten Fall sogar zu schweren Verletzungen bei Mensch und Tier.

FAZIT

Bevor man an die Bodenarbeit herantritt, ist es wichtig sich einen Überblick zu verschaffen, welche Grundvoraussetzungen Mensch und Pferd mit sich bringen. Dies kann einem bereits einen Einblick geben, welche Möglichkeiten man hat und ob es gegebenenfalls notwendig ist, mit einem Fachmann zusammenzuarbeiten.

Anforderungen an den Ausbilder

Wer erst seit kurzem den Umgang mit Pferden für sich entdeckt hat, sollte zuallererst, bevor er sich an Trainingsformen wie die Freiheitsdressur oder die Ausbildung eines Jungpferdes wagt, gewillt sein, das eigene Fachwissen zu vertiefen.

Folgende Grundlagen sollte jeder neue Pferdefreund beherrschen und die sichere Handhabung der Vorgänge verinnerlicht haben:

1) das Aufhalftern,
2) das Führen,
3) wissen, wie man sich einem Pferd nähert und die
4) artgerechte Versorgung

...sind von grundlegender Bedeutung.

Durch die pferdeeigene Körpersprache erfahren wir, was das Pferd möchte, aber auch was es vorhat. Durch diese Information kann eingeschätzt und beurteilt werden, wann ein Pferd nervös ist und sich womöglich auf die Flucht vorbereitet oder zum Beispiel die Ohren anlegt, um seinem Gegenüber zu vermitteln, dass ihm etwas nicht gefällt.

Im Laufe der Zeit sammelt man Erfahrung im direkten Umgang. Es empfiehlt sich trotz aller Praxis, sich im Vorhinein durch Fachliteratur kundig zu machen.

Neben der Erfahrung mit Pferden sollte auch der Mensch charakterliche Voraussetzungen erfüllen. Wichtig sind eine möglichst ruhige, einfühlsame Hand, der Wille **mit** und nicht gegen das Pferd zu arbeiten und vor allem der gewaltfreie Umgang.

Außerdem ist ein Pferd dankbar, wenn der Mensch, der mit ihm arbeitet, Souveränität und Ruhe ausstrahlt. Dies bestärkt das Sicherheitsgefühl und macht die gemeinsame Beschäftigung für beide Seiten angenehm.

FAZIT

Selbstreflexion in der Arbeit mit dem Pferd ist unumgänglich. Eine wichtige Hilfestellung hierfür ist es zum Beispiel, die Trainingseinheiten zu filmen und im Anschluss zu beurteilen. Dies hat eine ausschlaggebende Wirkung auf die Zusammenarbeit. Eine feine Hand und eine einfühlsame Art dem Pferd gegenüber sind die besten Voraussetzungen.

Kauf des richtigen Pferdes ist Grundvoraussetzung

Warum der Pferdekauf in diesem Ratgeber aufgegriffen wird, hat einen überaus wichtigen Hintergrund. Am Anfang des gemeinsamen Weges von Mensch und Pferd steht Vertrauen aufbauen, um den richtigen Umgang miteinander zu finden. Hierfür ist die Bodenarbeit zwingend notwendig. Die Entscheidung, welches Pferd das richtige ist und wie ich mit dem Tier die Ausbildung gestalten kann, ist ein wichtiger Punkt für das weitere Miteinander.

Nicht das erste Gefallen und die spontane Sympathie sollen ausschlaggebend für einen Pferdekauf sein. Doch gerade im Freizeitsport werden zuweilen Emotionen über die Sachlichkeit gestellt. Dies führt womöglich dazu, dass ein unpassendes Pferd oder Pony gekauft wird, mit dem man nicht zurechtkommt, bzw. dem man nicht „Herr" wird. Viele Pferdebesitzer legen Wert darauf, sich ein „unverbrauchtes", junges Tier anzuschaffen und trauen sich zu, dieses selbst auszubilden. Das kann von Vorteil sein, aber auch einige Probleme nach sich ziehen. Auch ein junges Pferd kann bereits schlechte Erfahrungen gemacht haben, zu temperamentvoll sein oder einfach an vieles noch nicht gewöhnt sein. Ist man ein fundierter Pferdeausbilder, ist der Umgang mit nicht ausgebildeten Pferden kein Problem. Leuten mit wenig Erfahrung und fehlendem Grundwissen ist anzuraten, sich an einen sehr guten Ausbilder in einem qualifizierten Ausbildungsstall zu wenden. Hier sollte mit Sorgfalt und dem nötigen Wissen der zweckmäßige Umgang erarbeitet werden. Ist man nicht gewillt oder in der Lage, mit Geduld und Sorgfalt die Ausbildung eines unerfahrenen Pferdes auf sich zu nehmen, ist die bestimmt bessere Wahl, ein Pferd mit solider und fundierter Grundausbildung zu erwerben, um Spaß im Training und im täglichen Umgang zu haben. Die Sympathie sollte natürlich nicht gänzlich untergehen und ist als nächster wichtiger Punkt ausschlaggebend für den Pferdekauf.

Bevor man ein Pferd kauft, ist es sinnvoll, sich selbst ein paar wichtige Fragen zu stellen und diese für sich selbst kritisch zu beantworten:

1. Habe ich mich genug mit dem Thema Pferd beschäftigt oder ist es eine spontane Idee?
2. Kenne ich mich nur mit dem Reiten aus oder habe ich mich auch mit den Bedürfnissen und Ansprüchen eines Pferdes auseinandergesetzt, wie zum Beispiel Haltung, Gesundheitsvorsorge, Hufschmied und Pflege?
3. Habe ich die Möglichkeit das Tier artgerecht, möglichst in Herdenhaltung und mit viel Freigang unterzubringen?
4. Ist es mir finanziell möglich, ein Pferd ohne Probleme zu halten? Ein Pferd beansprucht nicht nur viel Zeit, sondern verursacht auch größere, oft unerwartete Kosten. Der finanzielle Aufwand wird oft unterschätzt. Vor allem wenn es um die Gesundheit des Pferdes geht, entstehen unvorhergesehene Kosten. Wichtig ist zu wissen, dass bei aller Liebe und Begeisterung für den Pferdesport nicht nur der Kaufpreis aufgebracht werden muss, sondern dass weitere Haltungskosten anfallen.

Ist der Kostenaufwand geklärt, sind weitere **Überlegungen** anzustellen:

- was soll das Tier können
- auf welchem Ausbildungsstand befindet es sich
- auf welchem Ausbildungsstand bin ich
- was will ich gemeinsam mit dem Pferd erreichen
- welchen zeitlichen Aufwand will, bzw. kann ich erbringen?

Ist die Entscheidung für einen Pferdekauf gefallen, dann ist es wichtig, vor Ort auf Folgendes zu achten:

1. Wie verhält sich das Pferd? Ist es ausgeglichen und ruhig oder eventuell zu temperamentvoll? Lässt es sich problemlos von der Koppel holen? Ist es möglich, das Tier ohne Bedrängnis aus der Box zu führen?

   Es ist nicht unhöflich, den derzeitigen Pferdebesitzer zu bitten, das Tier erst im Beisein von der Koppel oder aus der Box zu holen. Schwierige Pferde, die eventuell Probleme mit der Rangordnung haben oder aus der Koppel fliehen, werden gerne bereits am Putzplatz vorgestellt, um diesen Punkt zu umgehen.

2. Wie gesund ist das Tier?

   - ist es gut bemuskelt?
   - kann es das Gleichgewicht halten?
   - gibt es Ungleichheiten?
   - ist der Blick klar?
   - sind die Nüstern sauber?
   - ist das Gebiss gesund und entspricht es dem Alter des Pferdes?

3. Ist der angegebene Verkäufer auch der tatsächliche Besitzer des Pferdes?
4. Eine möglichst umfangreiche Ankaufsuntersuchung sollte vor jedem Pferdekauf durchgeführt werden; es sei denn, man kennt den Züchter oder den Besitzer so gut, dass großes Vertrauen vorhanden ist und somit keine Bedenken bestehen. Bei der großen AKU werden die Beine und Hufe geröntgt, das Röhrbein vermessen und beurteilt und außerdem wird Blut abgenommen und auf mögliche Krankheiten untersucht.

Des Weiteren ist es wichtig, den Kauf immer mit einem schriftlichen Kaufvertrag abzuschließen!

FAZIT

Nur Sympathie für ein Pferd zu haben ist keine ausreichende Begründung für den Kauf eines Pferdes. Es gibt durchaus Vorrangiges, wie zum Beispiel die finanziellen Mittel, der Ausbildungsstand von Mensch und Tier und die Möglichkeit, das Pferd artgerecht unterzubringen.

Die Körpersprache des Pferdes verstehen

Für die erfolgreiche Bodenarbeit ist es wichtig, die Körpersprache des Pferdes richtig zu deuten. Wer in der Lage ist, sich ein genaues Bild zu machen und erkennen kann, in welcher Stimmung sich das Tier gerade befindet, kann sich die gewonnenen Erkenntnisse für die gemeinsame Arbeit zunutze machen. Folgende Punkte sind maßgeblich:

Gesichtsausdruck

Normaler Zustand	Es stimmt etwas nicht
• entspannter Gesichtsausdruck • normal geformte, entspannte Nüstern • ruhiger Atem • entspannte Maulpartie	• angespannter Gesichtsausdruck • hervortretendes Schläfenbein • erweiterte Nüstern • Kaumuskel gut sichtbar • eckige Maulpartie

Ohren

Die Ohren verraten besonders viel über den aktuellen Gemütszustand. In der Grundhaltung sind die Pferdeohren aufgerichtet nach oben. Das bedeutet, das Tier ist konzentriert und aufmerksam. Zeigen die Ohren in unterschiedliche Richtungen, deutet das darauf hin, dass es versucht, verschiedene Geräusche wahrzunehmen. Bei Müdigkeit oder Tiefenentspannung kommt es vor, dass die Ohren seitwärts fallen. Die Ohrmuschel zeigt dann zum Boden.

Angelegte Ohren deuten womöglich darauf hin, dass dem Pferd die aktuelle Situation missfällt. Hierbei empfiehlt sich eine vorsichtige Kontaktaufnahme. Diese Ohrenhaltung kann aber auch signalisieren, dass das Tier Schmerzen hat. Im Zweifel sollte dem in jedem Fall nachgegangen werden.

Körperhaltung

Ein Pferd, das aufrecht steht, die Nüstern bläht, schnaubt und den Schweif von sich streckt, ist in einem aufgeregten Zustand. Dies kann den Grund darin haben, dass es sich fürchtet und flüchten möchte, oder dass es sich in einer Situation befindet, die es nicht einschätzen kann.

Hingegen bedeutet eine gesenkte Kopfhaltung, ein ange-winkeltes Hinterbein und eine hängende Unterlippe vollkom-mene Entspannung und Vertrauen.

Schweif

Hebt das Pferd den Schweif leicht an, trägt ihn mittig und lässt ihn gleichmäßig pendeln, dann kann man davon aus-gehen, dass es dem Tier gut geht und die Lage entspannt ist.

Wird dagegen heftig mit dem Schweif geschlagen und unter Umständen sogar mit dem Huf auf den Boden getreten, sagt uns das Pferd, dass es sich nicht wohl fühlt und tut so sein Unbehagen kund. Störend können zum Beispiel lästige Fliegen oder andere Insekten, unbekannte Geräusche oder Schmerzen sein.

Möchte sich ein Pferd bewegen und seine Kameraden auf der Weide zum Spielen auffordern, ist der Schweif meist gehoben und oft zur Seite geneigt. Diese Haltung ist häufig bei jungen und / oder temperamentvollen Pferden zu sehen.

FAZIT

Es ist ausgesprochen bedeutsam für die erfolgreiche Kommunikation mit dem Pferd, die grundlegende Körpersprache dieser zu beherrschen und einschätzen zu können.

Ort der Bodenarbeit - Halle, Platz, Roundpen, freie Natur

Der Ort, an dem die Bodenarbeit stattfindet, spielt eine genauso große Rolle wie die Frage, welche Art von Bodenarbeit ausgeführt werden soll.

Für die Longierarbeit eignet sich am besten ein Longierplatz oder eine Longierhalle. Da die meisten Reithallen und Reitplätze stark frequentiert sind, kann das Longieren aus Sicherheitsgründen an bestimmte Regeln gebunden sein. In einigen Reitställen ist das Longieren in der Halle und auf dem Platz sogar strikt verboten.

Trainingsarten, wie die akademische Bodenarbeit, die Langzügelarbeit oder die Freiheitsdressur sind am besten in der Reithalle durchzuführen. Ob und inwieweit akademische Bodenarbeit, Langzügelarbeit etc. durchgeführt werden kann, ist individuell mit dem Trainingsstall abzuklären. Am Anfang ist es wünschenswert und sinnvoll, über eine gerade Bande als Orientierung und Anlehnung für das Pferd zu verfügen. Es erleichtert beiden Seiten den Einstieg.

Für Natural Horsemanship eignet sich zum Beispiel zunächst ideal das Roundpen. Dieses erzeugt am Anfang der

Ausbildung erst einmal Druck auf das Pferd. Das Pferd findet keine Ecke, in die es flüchten kann. Außerdem bietet das Roundpen dem Pferd aufgrund der eingrenzenden Maße nur relativ wenig Bewegungsspielraum. Dieses Eingrenzen ist wichtig, weil ein Pferd viel schneller ist als ein Mensch und dieser in freier Natur keine Chance hätte, zu Fuß mitzuhalten. Im Roundpen hat das Pferd keine Gelegenheit „auszubrechen". Um klar zu definieren, wer der Herdenführer ist, sind die Erfahrungen aus dieser eingegrenzten Situation für das Pferd, aber auch für den Ausbilder sehr hilfreich.

In der freien Natur ist es gleichermaßen möglich, Bodenarbeit zu gestalten. So können zum Beispiel tolle Übungen auf der Koppel trainiert, oder bei einem Spaziergang verschiedene Vertrauensübungen spielerisch umgesetzt werden. Natürlich kommt es auf die Harmonie zwischen Mensch und Pferd an. Mit einem unerfahrenen oder sehr nervösen Pferd ist es ratsam, keine Experimente im Gelände auszuprobieren. Hier ist es sinnvoll, erst einmal die Vertrauensbasis zu stärken und vorab andere Möglichkeiten der Bodenarbeit zu nutzen.

Der mentale Einstieg in die Bodenarbeit

Egal vor welchen Herausforderungen man im Leben steht, am besten meistert man sie mit mentaler Stärke. So ist es auch in der Reitkunst, bzw. in der Bodenarbeit. Ein Ziel ist es, den sich ergebenden Herausforderungen zuversichtlich und gelassen zu begegnen. Es ist von Vorteil zu wissen, welche Stärken, Talente, Fähigkeiten und auch Schwächen man selbst hat. In gleichem Maß muss man beim Pferd Stärken und Schwächen erkennen, um mit diesen Erkenntnissen, verbunden mit fachlichem Wissen, in die Bodenarbeit einzusteigen. Wer an sein eigenes Potential und an das seines Pferdes glaubt, wird souverän seinen Weg zum Ziel finden.

In manchen Situationen geraten Erfolge mit dem Pferd im Routinealltag am Stall in Vergessenheit, oder man erkennt sie nicht, weil es vielleicht nur kleine Schritte sind, die letztlich zum Erfolg führen. Kleine Schritte führen auch zum Ziel! Das sollte man sich im Training mit Pferden immer vergegenwärtigen. Es ist wichtig, Freude zu erleben, bei dem was man gemeinsam tut, gute Stimmung zu haben und kreativ zu sein. Dies ist der Kern aller Arbeit mit Pferden. Außerdem ist Teamwork gefragt. Der Mensch sollte nicht auf der Position des Einzelkämpfers verharren, sondern gemeinsam mit dem Pferd arbeiten. Viele negative Situationen im Training geschehen nicht deshalb, weil das Pferd einfach „nur" seinen Willen durchsetzen möchte, sondern auf Grund von Fehlern, die wir Menschen machen.

Wenn man die Sprache der Pferde verstanden hat und die Rangordnung klar definiert ist, werden sich einige Probleme in der Zusammenarbeit von selbst lösen.

Des Weiteren ist es wichtig, das passende Umfeld zu schaffen. Die richtigen Trainer an der Seite des Bodenführers und fachorientierte Kurse, können sehr viel Positives schaffen. Indem man offen für gute Ratschläge und gute Zusammenarbeit ist, befindet man sich auf dem richtigen Weg, um erfolgreich zusammenzuwachsen. Eine Aufgabe in der Bodenarbeit besteht darin, die Partnerschaft zwischen Mensch und Tier nachhaltig zu festigen und den Umgang zu genießen.

Was benötige ich an Zubehör für die Bodenarbeit?

In vielen Bereichen der hier vorgestellten Bodenarbeit ähnelt sich das Arbeitswerkzeug. Die aufgeführten Materialien sind keine Pflicht und werden von unterschiedlichen Lehrmeistern auch unterschiedlich genutzt. Es liegt immer im eigenen Ermessen und den Grundvoraussetzungen des Pferdes, mit welchen Möglichkeiten gearbeitet wird. Grundsätzlich ist immer die schonendste Form des Zubehörs anzuwenden, um das Vertrauensverhältnis zum Pferd nicht durch Hinzufügen von Schmerzen zu gefährden.

Arbeiten an der Longe	• Longe • Longierpeitsche • Kappzaum • Trense • Longiergurt • ggf. Ausbinder
Klassische Bodenarbeit	• Stallhalfter oder Kappzaum • Führkette • Handschuhe • eventuell eine Longe • Bodenarbeitsgerte
Bodenarbeit als Vorbereitung auf den Fahrsport	• Reithalfter/Trense • Doppellonge • Longiergurt • Umlenkrolle • Fahrpeitsche • Handschuhe
Akademische Bodenarbeit	• Kappzaum • Akademische Handarbeitszügel • Bodenarbeitsgerte • Handschuhe
Natural Horsemanship	• Knotenhalfter • Bodenseil • Horsemanship Stick • eventuell einen Halsring • Handschuhe
Gelassenheitstraining	• Halfter und Führstrick, Trense oder Kappzaum • Handschuhe • sämtliche Gegenstände wie zum Beispiel: eine Plane, Flattervorhang, Luftballons, Pylonen, Staubwedel, Regenschirm, Kinderwagen (ohne Kind!)

Der erfolgreiche Einstieg in die Bodenarbeit mit Pferden

Lernspiele	• ggf. Halfter • Verkehrshütchen • großer Spielball • Hula-Hoop-Reifen • ausrollbarer Teppich • Karton • Wasserbehälter: z.B. Planschbecken • stabiles Podest.
Zirzensik	• Reithalfter, normales Halfter, Trense oder Knotenhalfter • Führstrick oder Zügel • Gerte
Clickern	• Clicker • Target Stick • Leckerli, Karotten etc. • Ggf. Bauchtasche
Dual-Aktivierung	• gelbe Fahne • gelbe und blaue Pylonen • gelbe und blaue Schaumstoffbalken • Halfter und Führstrick, Kappzaum, Knotenhalfter oder Trense • Gerte • Handschuhe
Langzügelarbeit	• Reithalfter/Trense • Langzügel • Gerte • Handschuhe
Freiheitsdressur	Longe mit Schnellverschluss Halsring Touchiergerte Ggf. Knotenhalfter Handschuhe

Loben und Belohnen - ein wichtiges Hilfsmittel

Belohnung und Lob steigert die Motivation. So gestaltet es sich bei einem Menschen und auch bei den Pferden.

Sein Pferd zu belohnen sollte nicht bedeuten, ihm fortlaufend Leckerbissen ins Maul zu schieben. Dies kann schnell dazu führen, dass das Pferd aufdringlich und respektlos wird und somit die Konzentration auf die eigentliche Aufgabe verloren geht. Deshalb ist es wichtig, die Belohnung zum richtigen Zeitpunkt und angemessen einzusetzen. Besser als ständig Leckerlis zu verabreichen, ist es, nach einer Situation, in der Druck erzeugt oder bei einer bestimmten Aufgabe Leistungsbereitschaft abverlangt wurde, dies mit dem Lösen des Drucks bzw. mit einer Ruhepause zu belohnen. Pausen bedeuten Erleichterung, dienen der Entspannung und dem Ausgleich und schaffen so die Möglichkeit, sich aufs Neue zu konzentrieren.

Menschen, die ihr Pferd in der richtigen Form loben, haben später weniger Probleme im Umgang. Dies belegt eine Studie der Pferdewissenschaftlerin Emily Hancock. Die Tiere ziehen laut dieser Studie allerdings das ruhige Kraulen am Widerrist dem bekannten Abklopfen am Hals vor.

Um ihr Pferd schnell belohnen zu können, empfiehlt es sich, eine Bauchtasche zum Einsatz zu bringen. Am besten wird diese mit den Lieblingsleckerlies gefüllt und so angebracht, dass jederzeit schnell ein Leckerbissen hervorzuholen ist. Umso wertvoller die Belohnung für ihr Pferd ist, desto gewillter wird es sein, etwas dafür zu tun.

Damit das Tier eine freudige Erwartungshaltung entwickelt, kann vor jeder Gabe eines Leckerlis ein Signalwort verwendet werden. Dies ist von großem Vorteil, wenn sich das Pferd außerhalb der Reichweite (weiter als eine Armlänge) vom Bodenführer befindet. Mit dem Signalwort wird das Tier sofort belohnt und weiß, dass es im nächsten Schritt ein Leckerli erhält. Genauso verhält es sich mit dem Clicker, den man hervorragend als Belohnungssignal einsetzen kann. Mehr Informationen zum Clicker findest du im Kapitel „Clicker – Ausbildung mit positiver Verstärkung".

FAZIT

Loben und belohnen ist wichtig! *Das mit Leckerlis zu tun, kann in verschiedenen Situationen die richtige Verhaltensvariante darstellen. Allerdings sollte man das Lob durch die Stimme und die Belohnung durch Ausgleich des Drucks und durch Kraulen bevorzugen.*

Die Biomechanik – wie funktioniert der Pferdekörper?

Die Muskeln des Pferdes sind für die korrekte Bewegung verantwortlich. Sie stehen im direkten Zusammenhang mit den Sehnen und Bändern. Während sich ein Muskel zusammenzieht, entspannt sich der entgegengesetzte Muskel. Um ein gesundes Training zu gewährleisten und somit ein gesundes, gut bemuskeltes Pferd auszubilden, ist die Symmetrie der Muskeln sehr wichtig. Jedes Pferd besitzt für die Beugung, die Streckung, die Dehnung und für die Entspannung entsprechende Muskelpartien. Gut ausgebildete Muskeln sind zudem für das Abspreizen einiger Gliedmaßen vom Körper sowie zum Heranführen an den Körper (etwa bei der seitlichen Biegung oder der Rotation) grundlegend.

Die Vorderbeine

Bei Pferden besteht zwischen Schulter und Rumpf keine knöcherne Verbindung. Das bedeutet, Schulter und Rumpf sind über die Muskeln miteinander verbunden und werden dadurch stabilisiert. Das Pferd besitzt zahlreiche Muskeln, die die Vorderbeine bewegen. Diese dienen zum Heranziehen an die Körperachse und zur Bewegung von der Körperachse weg - die sogenannte Adduktion und Abduktion.

Die Hinterbeine

In den Hinterbeinen befinden sich fünf große Muskelgruppen. Diese lassen es zu, die Hinterbeine in unterschiedliche Richtungen zu bewegen.

- Die Achillessehnen führen zur Bewegung nach hinten
- die Oberschenkelmuskeln führen zur Bewegung nach vorne
- die Gesäßmuskulatur erlaubt die Bewegung weg von der Körperachse
- die Adduktoren und Abduktoren lassen das Heranziehen bzw. das Wegspreizen der Beine zu
- die Rückenmuskulatur nennt sich „Musculus iliopsoas" und zählt zu den wichtigsten Muskelpartien in der Bewegung eines Pferdes. Diese Muskeln sind für die Beugung der lumbosakralen und sacro-iliakalen Gelenke zuständig.

Hals/Nacken, Rücken und Bauchbereich

Die Muskeln im Hals-, Nacken- und Rückenbereich verlängern den Rücken. Durch sie ist es dem Pferd möglich, den schweren

Pferdekopf und den Nacken anzuheben. Die Bauchmuskulatur hilft den Rücken zu biegen. Hier befinden sich auch die Muskeln, die für die seitliche Beugung im Rücken und Nacken zuständig sind. Das bedeutet, wenn sich die rechten Muskeln entspannen, spannen sich die linken Muskeln an. Die Muskeln in unmittelbarer Nähe der Wirbelsäule sind äußerst wichtig für die Stabilisierung.

Das Nackenrückenband

Beim Betrachten eines grasenden Pferdes wird in der Theorie durch den gesenkten Hals das Nackenband gespannt und zieht über den Widerrist hinweg zur Sattellage nach oben. Das Nackenrückenband besteht aus zwei Teilen, dem Nackenstrang (funiculus nuchae) und der Nackenplatte (lamina nuchae).

Der Nackenstrang verläuft vom Hinterhaupt, über den Widerrist bis zum Kreuzbein.

Die Nackenplatte des Pferdes sieht aus wie ein Fächer und verläuft vom zweiten Halswirbel bis zu siebten.

Das Nackenband dient in der natürlichen Haltung dafür, Energie zu sparen und erleichtert das Tragen des Kopfes. Zudem entlastet es die Muskulatur der Brustwirbelsäule beim Fressen.

Kaumuskulatur

Die Kaumuskulatur ist der große sichtbare Muskel, der über die Wange des Pferdes reicht. Dieser Muskel ist für das Öffnen, das Kauen und für das seitliche Bewegen des Kiefers zuständig. Die Aufgabe der Schläfenmuskeln besteht darin, den Unterkiefer anzuheben und den Mund zu schließen. Der seitliche Flügelmuskel ist ebenfalls für die seitliche Bewegung verantwortlich. Verspannungen in diesen Muskelbereichen können einen Trainingserfolg verhindern.

Die Hanken

Als Hanken werden die großen Gelenke der Hinterhand, Hüft-, Knie- und Sprunggelenke, bezeichnet. Als Hankenbeugung wird das Untersetzen der Hinterhand unter den Pferdekörper beschrieben. Die Hankenbewegung verkürzt sich, abhängig davon, wie versammelt ein Pferd läuft. Die Hinterhand des Pferdes tritt unter den Rumpf, die Kruppe senkt sich und die Vorhand ist aufgerichtet. Es sieht so aus, als ob das Pferd vorne höher ist als hinten.

Die Hanken werden oft als „Motor" des Pferdes charakterisiert. Es ist wichtig darauf zu achten, dass man nur mit einem gut ausbalancierten Pferd vernünftig arbeiten kann. Die meisten Pferde haben eine sehr schwungvolle Hinterhand. Wenn aber zu viel Schwung aus der Hinterhand kommt, landet das Pferd hart auf den Vorderbeinen. Das bedeutet, dass ein schlecht ausbalanciertes Pferd vor allem mit gemäßigter Geschwindigkeit trainiert werden sollte, um diese Problematik zu vermeiden.

FAZIT

Eine wichtige Voraussetzung beim Pferdetraining, vor allem in der Bodenarbeit, ist das Basiswissen über die Biomechanik. Das Zusammenspiel der Muskeln und das Wissen darum, wie der Ablauf der Bewegungen im Pferdekörper funktioniert, ist ausschlaggebend für einen erfolgreichen Trainingsverlauf.

Verschiedene Trainingsformen der Bodenarbeit

Erste Ausbildungsschritte eines Jungpferdes

Ein junges Pferd auszubilden ist eine große Herausforderung und sollte mit Bedacht angegangen werden. Es muss Schritt für Schritt an die neuen Aufgaben herangeführt werden - dies bedarf viel Geduld.

Auch die Fohlenzeit auf der Weide ist außerordentlich wichtig, damit sich das Sozialverhalten des Pferdes ausbilden kann. Nach der sogenannten Kinderstube ist es erstrebenswert, das Pferd an Dinge wie das Aufhalftern und Führen zu gewöhnen (falls dies noch nicht geschehen ist).

Behutsam wird das Tier an die Berührung am ganzen Körper gewöhnt, in dem man es täglich ca. 10 Minuten abstreichelt. Dabei ist zu beachten, dass selbst diese „Selbstverständlichkeit" für viele Jungtiere Stress bedeutet. Deshalb ist es wichtig, die Zeit der Gewöhnung in Grenzen zu halten und dabei genau zu beobachten, wann das Tier genug hat.

Ein Pferd anzubinden ist nicht selbstverständlich. Der erfahrene Horsemanship Experte Uwe Weinzierl hat es wie folgt beschrieben: „Das Fluchttier Pferd festzubinden, ist nichts anderes, als einen Fisch aufs Trockene zu legen und zu erwarten, dass er sich wohlfühlt". Deshalb ist es essenziell wichtig, dabei rücksichtsvoll vorzugehen. Zuerst muss das Tier verstehen, was von ihm erwartet wird. Ohne die Gefahrenlage des „Angebundenseins", trainiert man das Stehen am Putzplatz, indem man den Führstrick in der Hand behält. Anfangs nur kurz, bis die Zeit immer weiter ausdehnt wird. Letztendlich wird das Pferd im Beisein des Menschen festgebunden, bis man nach geraumer Übungszeit den Putzplatz und das Pferd für kurze Momente allein lassen kann. Auch dabei lässt sich die Übungszeit immer weiter zeitlich ausdehnen.

Ein Pferd sollte ohne Ausnahme ausschließlich mit Panikhaken angebunden werden. Es muss gewährleistet sein, dass sich der Haken in einer Gefahrensituation schnell und unkompliziert lösen lässt. Unfälle mit angebundenen Pferden an Putzplätzen geschehen sehr häufig und gehen nicht immer gut aus.
Sind diese Ausbildungsschritte verinnerlicht, geht man zum nächsten Schritt, dem Anlongieren (und im Zuge dessen an das Gewöhnen von Sattel und Trense) über.

Anlongieren:

Die Meinungen darüber, ob ein junges Pferd beim Anlongieren ausgebunden werden soll, gehen weit auseinander. Allgemein ist es eher ratsam, ein Jungpferd zum Anfang hin nicht auszubinden. Es ist womöglich irritiert, einerseits durch die Ausbinder einen zurückhaltenden Druck auf dem Gebiss zu spüren und andererseits ermutigt zu werden, vorwärts zu gehen. Das Laufen an der Longe muss dem Pferd zuallererst einmal Spaß machen und das Vorwärtsgehen fördern.

Die Ausbildungsphasen:

1. Dem Pferd muss seine Umgebung vertraut sein oder vertraut gemacht werden. Am besten lässt man es den

Platz, an dem gearbeitet werden soll, zuvor im freien Lauf erkunden.

2. Als nächstes ist es von Bedeutung, das Pferd mit den Ausrüstungsgegenständen bekannt zu machen. Die Gewöhnung an Sattel und Zaumzeug ist mehrfach zu üben, bevor diese beim Anlongieren zum Einsatz kommen. In der Zwischenzeit beginnt man das Longieren ohne Gurt und Sattel. Akzeptiert das Pferd die bisher angebotenen Schritte, kann mit den ersten Bewegungsübungen an der Longe begonnen werden. In jedem Fall ist es nützlich, einen Assistenten an der Seite zu haben.

3. Anfangs wird das Pferd vom Assistenten auf der Zirkellinie geführt. Dies geschieht am besten auf der linken Hand, da das Pferd das Führen auf dieser Seite bereits aus anderen Situationen kennt. Der Longenführer geht in einiger Entfernung zum Pferd auf einem Kreis mit, bis er an einem Punkt stehen bleibt. Am Anfang wird nur im Schritt gearbeitet. **Das Austoben an der Longe, wie man es oftmals zu sehen bekommt, ist nicht der richtige Weg für ein Jungpferd, um „Dampf abzulassen". Es dient, um dafür zu sorgen, dass das Tier bereits zuvor genügend Möglichkeit erhält „abzubuckeln". Dies kann beim Freilaufen im Roundpen geschehen. Ohne gezielte ruhige Vorbereitung könnte es zu einer gefährlichen Situation führen.**

4. Hat sich das Pferd an das Gehen im Zirkel gewöhnt und es weitestgehend akzeptiert, kann sich der Assistent langsam vom Pferd entfernen und bleibt in der Mitte beim Longenführer stehen.

5. Bewegt sich das Pferd ruhig auf der Zirkellinie, kann angetrabt werden. Bewegt es sich im Laufe der Longenarbeit in Richtung Mitte, treibt der Longenführer das Pferd wieder hinaus, indem er die Peitsche auf die Schulter richtet.

6. Führt das Pferd die Arbeit zufriedenstellend aus, kann diese nach ein paar Minuten beendet werden.

FAZIT

Zunächst ist ein junges Pferd mit Geduld an neue Aufgaben heranzuführen. Mit den grundlegenden Dingen kann schon ab einem Alter von ca. 1,5 Jahren begonnen werden. Wann ein Pferd allerdings tatsächlich so weit ist, ist von der Reife abhängig.

Das Anlongieren sollte frühestens ab 3 Jahren begonnen werden. Eine Schritt-für-Schritt Herangehensweise ist wichtig, damit das Pferd nicht überfordert wird.

Arbeiten an der Longe

Es kann in einer Longierhalle, auf einem Longierplatz (Maße zwischen 12 und 16 Meter) oder auf einem freien Platz (Reitplatz, Halle) longiert werden. Ein großer Vorteil einer Longierhalle, vor allem bei jungen Pferden, die sich in der Ausbildung befinden, ist die äußere Begrenzung durch die Bande. Außerdem stören äußere Einflüsse weniger als auf einem offenen Reitplatz.

Ein Longierzirkel mit Umrandung ist eine weitere sehr gute Möglichkeit, um konzentriert an der Longe zu arbeiten. Ein großer Vorteil kann es dabei sein, das Pferd an der Umwelt teilnehmen zu lassen. Es gewöhnt sich so schnell an alltägliche Geräusche und an die Vorgänge am Reitstall. Nachteilig ist die Ablenkung des Pferdes von der eigentlichen Aufgabe.

Voraussetzung für eine sichere Arbeit ist ein griffiger Boden, der regelmäßig gepflegt wird. Das Pferd darf nicht zu tief in den Boden einsinken. Ein zu harter Boden kann dagegen die Rutschgefahr erhöhen. Der Hufschlag muss regelmäßig bearbeitet werden, damit keine zu tiefen Zirkelspuren entstehen. Ansonsten können sich gefährliche Stolperfallen entwickeln und die Hufe und Beine erfahren durch falsche Belastung eventuell auf Dauer Langzeitschäden an den Sehnen.

Ausrüstung des Longenführers:	Ausrüstung des Pferdes:
• festes Schuhwerk • Handschuhe • Longe • Longierpeitsche	• Trense oder Kappzaum • Longiergurt • Ausbinder • Bandage, Gamasche, Streichkappen

Der Longiergurt

Der Longiergurt wird direkt auf dem Pferderücken oder auf einer Satteldecke aufgelegt. Der Widerrist bleibt dabei frei.

Um Ausbinder oder Hilfszügel zu befestigen, befinden sich am Longiergurt entsprechende Ringe. Wenn das Pferd vor dem Reiten ablongiert wurde, reicht es in der Regel aus, mit Sattel zu longieren. Wichtig ist dabei, dass die Steigbügel gut befestigt sind. Man kann sie auch abnehmen, um ein Herumflattern und Schlagen gegen die Flanken zu vermeiden. Die Zügel werden am besten gedreht und im Kehlriemen verschnallt. So können sie nicht rutschen und das Pferd kann nicht hineintreten.

Ausbinden beim Longieren

Beim klassischen Longieren wird das Pferd ausgebunden. Dies dient zur Vorwärts-Abwärts Übung und wird von vielen Ausbildern als unabdingbar angesehen. Die Meinungen gehen hier jedoch stark auseinander. In der Regel spricht bei der richtigen Wahl und Anwendung eines Ausbinde-/Hilfszügels nichts gegen eine Gymnastizierung nach unten.

Die richtige Wahl des Ausbinders ist essenziell:

1. **Der Dreieckszügel** ist ein 2,5 Meter langer Riemen, der zwischen den Vorderbeinen und dem Gurt angebracht wird. Er verläuft durch die Trensenringe jeweils zur Seite in Höhe der Buggelenke. Das Pferd wird durch den Dreieckszügel Vorwärts-Abwärts gedehnt.

2. **Ein einfacher Ausbindezügel** besteht aus 2 Riemen mit Haken, die im Trensenring und an dem Longiergurt bzw. an dem Sattel eingehakt werden. Wichtig ist es, die Ausbinder nicht zu tief und zu kurz anzubringen. Im Regelfall sollte der Ausbindezügel so verschnallt sein, dass er auf Höhe des Buggelenks befestigt wird. Die richtige Länge haben die Hilfszügel, wenn das Pferd trotz Ausbinder den Nasenrücken noch kurz vor oder maximal an der Senkrechten hat.

3. **Das Chambon** wirkt auf das Genick ein. Ein einzelner Riemen verläuft von der Unterseite des Bauches, zwischen den Vorderbeinen hindurch, zum Genickstück, an dem ein Ring befestigt ist. Das Chambon macht beim Longieren nur Sinn, wenn es gleichzeitig mit einem Ausbindezügel kombiniert wird. Andernfalls hat das Pferd keine seitliche Anlehnung.

Eine Longierbrille, die in der Praxis immer noch häufig genutzt wird, ist nicht zu empfehlen. Sie drückt bei Zug gegen das Gebiss und kann starke Schmerzen verursachen.

Die Longe kann am inneren Gebissring eingehakt werden. Wichtig ist, diese unter den Ausbindezügeln anzubringen, damit eine einfühlsame Verbindung zwischen Longenführer und dem Pferdemaul gewährleistet ist.

Eine weit verbreitete Form ist, die Longe durch den ersten Gebissring unterhalb des Pferdemauls hin zum zweiten Ring zu führen und auf der äußeren Seite einzuhaken. Diese Art der Verschnallung ist nicht empfehlenswert, da das Gebiss in diesem Fall im Maul zusammengezogen wird und auf den Gaumen des Pferdes drückt. Dadurch stumpft das Tier im Maul ab und die Zusammenarbeit kann nicht mehr optimal und vor allem pferdegerecht durchgeführt werden. Ebenfalls nicht zu empfehlen ist es die Longe durch den ersten Ring über das Genick zum äußeren Ring zu führen. Es hat zur Folge, dass das Gebiss durch Zug nach oben gezogen wird, was gleichermaßen große Schmerzen verursachen kann.

Eine der vergleichsweise schonenden Verschnallungen ist, die Longe im inneren Gebissring und gleichzeitig am Nasen-/Kinnriemen des Reithalfters einzuhaken. Dadurch wird das Gebiss bei starkem Zug des Pferdes nach außen nicht durch das Maul gezogen, sondern bleibt in der korrekten Position.

Das optimale Longieren lässt sich am besten mit dem Kappzaum umsetzen. Es ist sanft und führt zu keinen Schmerzen. Außerdem lassen sich Dehnung und Biegung des Pferdes hierbei sehr gut fördern.

Die richtige Longenhaltung

Die Longe wird gleichmäßig aufgenommen und sollte ein reibungsloses Ablaufen ermöglichen. Im schlimmsten Fall führt eine verknotete Longe zu einem Unfall, da die Hand nicht mehr rechtzeitig loslassen kann. Generell hält der Longeführer die Longe in der Richtung der Hand, in die sich das Pferd fortbewegt. Die Longierpeitsche wird mit der anderen Hand in Richtung Schweif gehalten. Letzten Endes sollte es ein Dreieck mit der Pferdelänge ergeben.

Bei einem Handwechsel muss die Longe neu aufgenommen werden, um auch auf der anderen Seite ein reibungsloses

Ablaufen sicherstellen zu können. Die Sicherheitsschlaufe am Ende liegt zwischen Zeigefinger und Daumen.

Die Longierpeitsche

Longieren ohne Longierpeitsche ist nicht sinnvoll, auch wenn viele Pferdeliebhaber gerne darauf verzichten würden. Die Peitsche ist nicht da, um das Pferd bei Widerwillen zu schlagen, sie ist als treibende Hilfe und verlängerte Hand vorgesehen. Die Hilfe, die der Reiter mit Schenkeldruck ausübt, wird in diesem Fall mit der Peitsche umgesetzt. Ein Anheben der Peitsche reicht meist schon aus, um dem Pferd zu signalisieren, dass eine schnellere Gangart gewünscht ist. Bei Bedarf ist es wichtig, das Pferd ggf. mit der Spitze des Lederbandes touchieren zu können, um weitere Reize zu setzen.

Die Stimme

Ein wichtiges Hilfsmittel ist die Stimme. Ein souveräner Gebrauch der Stimme spielt eine bedeutende Rolle beim Longieren. Bei der stimmlichen Aufforderung, in die nächste Gangart zu wechseln, dient sie als Kommunikationsmittel. Wenn das Pferd seinen Gang verlangsamen soll, wird es mit ruhiger Stimme zum Parieren in die untere Gangart angehalten. Geübte und gewillte Pferde können dies oft ganz ohne weitere Hilfen.

Typische Kommandos lauten:

- „Halt"
- „Scheritt"
- „Terab"
- „Galopp"

Es ist darauf zu achten, die Stimme nur sparsam und differenziert einzusetzen, um andere Reit- oder Longierprozesse nicht zu beeinflussen. Bei übermäßigem Stimmeinsatz besteht die Gefahr, dass das Pferd abstumpft.

Zu vermeiden sind Stimmhilfen von außen. Nur der Longeführer spricht mit dem Tier. Darüber hinaus ist eine ruhige, aber bestimmte Stimmlage wichtig. Helle oder gar schrille Anweisungen kann das Pferd nicht verstehen und im schlimmsten Fall sogar in Aufruhr versetzen.

Gymnastizierende Übungen an der Longe

1. <u>Tempowechsel</u>

   Mit dem Tempowechsel wird vor allem die Schwungkraft des Pferdes gefördert. Darüber hinaus ist es eine gute Übung, um die Anlehnung und die sanften Übergänge zu trainieren. Nicht das hohe Tempo ist ausschlaggebend, die gleichmäßige Tritterweiterung wird angestrebt. Um dies zu erwirken, wird die Peitsche angehoben und das Pferd stimmlich dazu aufgefordert, das Tempo zu erhöhen.

2. <u>Zirkel verkleinern und vergrößern</u>

   Beim Zirkel verkleinern und vergrößern wir vor allem die Anlehnung und die Stellung des Pferdes geübt. Wichtig ist zu beachten, dass diese Übung für junge oder ungeübte Pferde keine Leichtigkeit ist und immer darauf geachtet werden muss, dass das Tier im Gleichgewicht bleibt. Deshalb gilt es, den Zirkel nicht zu eng zu greifen, um Stürzen oder ähnliches vorzubeugen. Zwei bis drei Runden auf einem kleinen Zirkel genügen meist schon.

3. Verlagern der Zirkellinie

Vorwiegend geht es bei dieser Übung darum, die Aufmerksamkeit des Pferdes zu verbessern. Der Longenführer geht auf selber Höhe mit dem Pferd im Schritt mit, sodass das Pferd kurzzeitig gerade laufen muss. Nach mehreren Metern kommt er zum Stehen und longiert wieder um sich herum. Durch das Geradeausgehen und Stehenbleiben lernt das Pferd, auch vom Zirkel aus geradeaus zu gehen und trotzdem nicht die Anlehnung zu verlieren.

4. Übungen mit Bodenricks

Die Arbeit mit Bodenricks (Cavaletti) fördert nicht nur die Aufmerksamkeit und Konzentration, sondern auch den Takt, das Lösen des Pferdes und die Trittsicherheit. Es ist also eine vielseitige Übung, die man perfekt in eine Longenstunde aufnehmen kann. Es gibt verschiedene Aufstellungsmöglichkeiten, die beliebig zu variieren sind.

An folgenden Maßen können Sie sich bezüglich des Abstandes orientieren:

1. **Im Schritt 0,80 Meter**
2. **Im Trab 1,30 Meter**
3. **Im Galopp 3,00 Meter**

Je nach ermessen, können diese Abstände an das Pferd angepasst werden.

Die longierte Dual-Aktivierung

Die longierte Dual-Aktivierung erweist sich als ideale Vorbereitung für die Arbeit unter dem Sattel, als Vorarbeit zum Longe-Walking und als sehr gute Möglichkeit, um ein Reitpferd in

der Biegung und Losgelassenheit zu unterstützen und zu fördern. Außerdem kann man den womöglich nötigen Abstand
zum Pferd halten. Dieser ist vor allem bei schwierigen Pferden,
die eventuell austreten könnten, unabdingbar. Während der
longierten Dual-Aktivierung und dem Longe-Walking (Kapitel
Dual-Aktivierung), sollte man immer darauf bedacht sein, sich
nicht im Schlagbereich zu befinden. Ein weiterer wichtiger
Sicherheitspunkt besteht darin, die Longe niemals um die
Hand zu wickeln. Das Pferd ist immer der kräftemäßig
Überlegene. Sollte die Situation entstehen, dass das Tier un-
gezügelt losrennt, ist es wichtig, die Longe einfach loslassen
zu können.

Wie funktioniert die longierte Dual-Aktivierung?

Die longierte Dual-Aktivierung wird mit der Zweihandtechnik
durchgeführt. Die Longe wird in den mittleren Ring des Kappzaums eingeklickt und erst einmal auf der linken Hand ganz
normal longiert. Der Bodenführer hält die Longe in der linken
Hand und das Ende der Longe, plus die Gerte, in der rechten.
Es sollte stetig eine gute Verbindung zum Pferd bestehen,
d.h. die Longe darf nicht durchhängen. In den Gassen, die in
der longierten Dual-Aktivierung genutzt werden, ist es wie-
derum wichtig, den Druck herauszunehmen. Die Longe wird
nach der Gasse wieder aufgenommen.

Führposition in der Longierten Dual-Aktivierung

In der longierten Dual-Aktivierung ist die Position immer mit
Abstand auf Schulterhöhe des Pferdes. Für den Handwechsel wird das Pferd hereingeholt und auf die andere Hand
geschickt.

Übungsaufgaben in der longierten Dual-Aktivierung

1. Der positionierte Handwechsel:

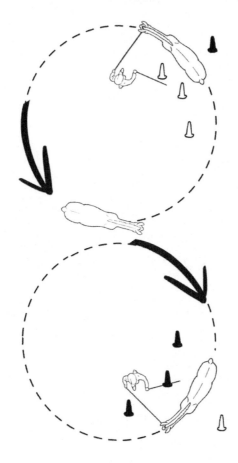

Um während des Longierens die Hand zu wechseln, wird dem Pferd der Impuls gegeben, in den Zirkel hereinzukommen. Dabei bleibt der Bodenführer stehen und longiert das Pferd an sich vorbei. Sobald das Tier mit der Schulter auf der Höhe des Bodenführers ist, wird es auf die andere Hand entlassen. **Es ist wichtig, sich nicht vom Pferd bewegen zu lassen.**

2. Das lonigerte Kleeblatt:

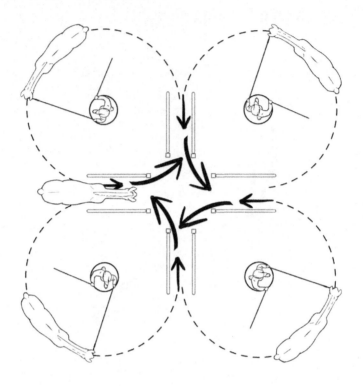

Das Pferd wird zunächst auf der linken Hand durch die Gassen longiert. So entsteht das erste longierte Blatt des Kleeblattes. Nach der ersten Volte wird das Pferd durch beide Gassen begleitet, um im Anschluss wieder eine Volte nach Links durchzuführen. Im nächsten Schritt wird durch beide Gassen longiert, darauf folgt eine Volte. Wenn alle vier Volten ausgeführt wurden, ergibt es das longierte Kleeblatt. Anschließend wird die Hand gewechselt und auf der rechten Hand dieselbe Übung durchgeführt.

Es ist wichtig auf die korrekte Stellung und Biegung zu achten. Vor allem beim geradeaus Longieren sollte der Bodenführer nach Möglichkeit nicht das Tempo erhöhen. Der Bodenführer gibt das Tempo vor und das Pferd richtet sich danach.

3. Das longierte Viereck:

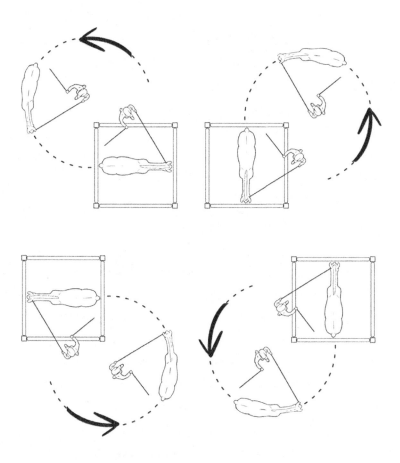

Das Pferd wird auf der linken Hand gerade über die Quadrat-volte longiert. Sobald die zweite Gasse übertreten ist, wird eine Volte nach Links durchgeführt und das Pferd über die nächsten beiden Gassen geleitet. Alle Gassen sollten von jeder Seite einmal durchschritten werden. Nach ausgeführter Übung erfolgt ein Handwechsel.

Bei dieser Übung ist es besonders wichtig, dass das Pferd nicht über die Ecken abkürzt.

4. Der longierte Fächer:

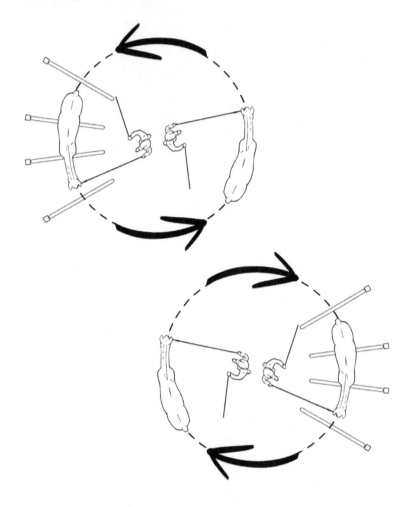

Bei dieser Übungsaufgabe sollte das Pferd jeweils zweimal von der rechten und zweimal von der linken Hand über den Fächer longiert werden. Die Gassen sind in unregelmäßigen Abständen anzulegen. Wenn sich das Pferd über dem Fächer befindet, ist es wichtig nachzugeben.

Diese Übung ist ideal für die Balance, Koordination und vor allem für die Konzentration.

FAZIT

Es ist wichtig, dem Pferd genügend Platz beim Longieren zu geben. Ein Durchmesser zwischen 12 und 16 Metern sollte stets gewährt werden.

Longierhilfen wie z.B. Dreieckszügel oder Ausbinder, sind verhältnismäßig und korrekt anzuwenden. Verschiedene Longierübungen helfen Pferd und Mensch auch außerhalb des Reitens, eine sinnvolle Gymnastizierung zu gestalten.

Bodenarbeit als Vorbereitung für den Fahrsport

Das Fahren ist seit jeher eine beliebte Art des Pferdesports. Eine tolle Kutsche mit temperamentvollen Pferden davor gespannt, lassen viele Herzen höherschlagen. Leider ist das Fahren nicht immer ungefährlich. Wenn ein Gespann durchgeht, endet dies nicht selten für mindestens einen der beteiligten fatal. Deshalb ist eine gute Vorbereitung das A und O, bevor das erste Mal eingespannt wird. Ein Pferd, das an der Doppellonge laufen soll, muss zwingendermaßen erst einmal das Longieren beherrschen. Ist das kein Problem für den Bodenführer und das Pferd, kann mit der Arbeit an der Doppellonge begonnen werden.

Ausrüstung des Longenführers	Ausrüstung des Pferdes
• Doppellonge • Fahrpeitsche • Handschuhe	• Trense, Kappzaum • Longiergurt • Ausbinder • Umlenkrolle

Ist mein Pferd für den Fahrsport geeignet?

Nicht jedes Pferd ist für den Fahrsport geeignet. Bevor mit dem Training an der Doppellonge begonnen wird, sollte man sich die Frage stellen, welches Ziel man anstrebt. Ist die Intention das Kutsche fahren, gibt es einiges zu beachten. Folgendes kann helfen einzuordnen, ob man es mit einem fahrtauglichen Pferd zu tun hat.

- <u>Ist mein Pferd nervenstark?</u> Eine unausweichliche Frage! Ist dies nämlich nicht der Fall, sollte man vom Einzuspannen erst einmal Abstand nehmen. Später im Buch, im Kapitel „Gelassenheitstraining", finden Sie einige Anregungen, um das Gewöhnen an fremde Gegenstände bzw. Situationen zu üben. Eine gewisse Grundruhe ist erfahrungsgemäß eine unabdingbare Voraussetzung für ein Fahrpferd.
- <u>Hat mein Pferd den richtigen Körperbau?</u> Ein Fahrpferd muss nicht zwingendermaßen robust und breit gebaut sein. Dennoch gibt es Kriterien, die für den Fahrsport von Vorteil sind. Eine breite Brust verleiht dem Pferd einen festen und sicheren Stand. Zudem ist die Auflage des Geschirrs besser gegeben. Die sogenannte „Ganaschenfreiheit", ist ein weiterer wichtiger Punkt. Hiermit ist der Abstand zwischen dem Unterkieferast und dem unteren Rand des Atlasflügelastes gemeint.

- <u>Welche Beschaffenheit haben die Hufe des Pferdes?</u> Die Hufe eines Fahrpferdes sollten eine gute Hornqualität aufweisen, da Kutschenpferde meist auf hartem Boden laufen.
- <u>Ist das Pferd gerade?</u> Diese Frage ist von enormer Bedeutung. Ein Fahrpferd sollte nicht auf zwei oder mehreren Hufschlägen laufen, sondern Hinter- und Vorderbeine auf einer geraden Linie tragen.
- <u>Ist das Pferd weich genug und gut gymnastiziert?</u> Viele Fahrpferde sind steif und hart in der Bewegung. Solch ein Pferd einzufahren, macht wenig Sinn. In diesem Ratgeber werden viele Möglichkeiten vorgestellt, um ein Pferd richtig vom Boden aus „weich" zu trainieren. Deshalb sollte man bei einem verspannten Tier erst einmal gezielte Trainingsmöglichkeiten zur Auflockerung anwenden, bevor man mit dem Einfahren beginnt.
- <u>Kann das Pferd stillstehen?</u> Ein besonders wichtiger Punkt ist das Stehen, denn jedes Fahrpferd sollte das Stillstehen beherrschen. Kann das Pferd dies noch nicht, ist ein „Steh-Training" anzuraten.

Steh-Training

Zuerst wird das Steh-Training am Seil geübt. Dies wird durch die Körperanspannung des Bodenführers und einem deutlichen zum Halten kommen unterstützt. Das Kommando „Halt", „Steh" oder „Brrr" wird mit einer souveränen Stimme kundgetan. Die Belohnung sollte unmittelbar nach dem Halten gereicht werden.

Stimmkommandos und Führtraining

Um mit der Doppellonge zu arbeiten und auch für die spätere Kutschfahrt, sind die Stimmkommandos essenziel. Diese werden bereits im Laufe des Führtrainings geübt. Ist ein Pferd auf ein Kommando konditioniert, kann man dadurch die Aufmerksamkeit immens erhöhen.

Folgende Kommandos sollte das Pferd beherrschen:

- Antreten: „Komm", „Los" oder „Vorwärts"
- Antraben: „Teerabb"
- Durchparieren: „Scheeritt"
- Stehen: „Haaalt" oder „Stehhh"

Mit der Doppellonge longieren

Schritt 1 – an die Ausrüstung gewöhnen

Ist das Pferd noch nicht an die Ausrüstungsgegenstände gewöhnt, die es in der Arbeit mit der Doppellonge trägt, sollte man ihm diese geduldig näherbringen.

Schritt 2 – die richtige Verschnallung

Für die Arbeit mit der Doppellonge wird dem Pferd eine Trense angelegt. Die Zügel werden abmontiert und stattdessen die Zügel der Doppellonge eingeschnallt. Bevor allerdings der Zügel an der Trense befestigt wird, muss das Endteil mit der Schnalle durch die oberen Ringe des Longiergurtes gefädelt werden.

Schritt 3 – der Assistent

In den ersten Doppellongestunden sollte man mit einem Assistenten zusammenarbeiten, der das Pferd, gemäß den Anweisungen des Bodenführers, in die richtige Richtung lenkt. Alle Übungen, wie zum Beispiel Wendungen oder Bahnfiguren, werden vorerst nur mit dem Helfer gemeinsam durchgeführt.

Schritt 4 – Bahnfiguren ohne Assistenten

Ist das Tier erstmal an die neue Situation gewöhnt und kann es mit dem Assistenten gemeinsam das von ihm Verlangte umsetzen, kann der Bodenführer die Übungen und Bahnfiguren allein bewältigen.

Beim Longieren mit der Doppellonge ist das Pferd bereits an die Kommandos zu gewöhnen, die zum Halten oder Durchparieren genutzt werden sollen.

Wenn Pferd und Bodenführer in der Halle oder auf dem Reitplatz miteinander harmonisieren und die vorgegebenen Kommandos, Bahnfiguren etc. beherrscht werden, ist es Zeit, auf einer Koppel oder gar im Gelände zu üben. Ein Spaziergang an der Doppellonge stärkt die Nerven und bereitet das Pferd auf die äußere Umgebung vor. Für den ersten Spaziergang an der Doppellonge ist ein Assistent von Vorteil, da man nicht weiß wie das Pferd reagiert.

Nachdem all diese Voraussetzungen gegeben sind, steht dem Training mit Gewichten und dem ersten Einspannen nichts mehr im Weg. **Auch hier sollte man mit einem Assistenten arbeiten und zuvor gut geschult sein. Gegebenenfalls ist hier auch ein Experte zurate zu ziehen.**

FAZIT

Bevor ein Pferd eingefahren wird, benötigt es einiges an Vorbereitung. Die Bodenarbeit mit der Doppellonge ist die Grundvoraussetzung und hat zum Ziel, das Pferd auf die Kommandos und somit auf das Fahren vorzubereiten. Die Arbeit mit der Doppellonge kann aber auch zum Gymnastizieren und als Bewegungssport genutzt werden.

Die akademische Bodenarbeit

Die akademische Bodenarbeit spiegelt die psychische und physische Ausbildung und Gymnastizierung eines Pferdes wider. Das Ziel ist, das Tier bis ins hohe Alter gesund zu halten und es auf diesem Weg schonend und auf das Pferdewohl bedacht, auszubilden. Unter akademischer Bodenarbeit versteht man Biegung, Stellung, Seitengänge, Losgelassenheit, Balance, Durchlässigkeit, Geraderichten und vieles mehr. Die Ausbildung beginnt immer am Boden, wovon dem Pferd alle Reithilfen bereits vermittelt werden. Es ist also die ideale Möglichkeit, um das Tier auf die Arbeit unter dem Sattel vorzubereiten. Einer der wohl bekanntesten Namen auf diesem Gebiet ist Bent Branderup, der Gründer der akademischen Reitkunst. Ein Zitat des Großmeisters lautet:

„Beziehungspflege ist der Anfang von jedem Pferdetraining. Ein guter Lehrer ist ein beliebter Lehrer."

Branderup war lange Zeit Schüler der königlichen Reitschule Andalusiens und erlernte dort die Reitkunst der alten Reitmeister. Mit der Ausbildung seines Pferdes „Hugin" (nach all seinem erworbenen Wissen) war dann die akademische Reitkunst, wie sie heute besteht, geboren. Sie ist die Zusammenfassung vieler alter Meister, übereinstimmend mit neuen Studien, gegenwärtigen Erkenntnissen der Biomechanik und der feinen, präzisen Kommunikation.

Der erste Schritt der akademischen Bodenarbeit ist der Aufbau einer Beziehung zwischen Pferd und Mensch. Dies ist elementar im Umgang und in der Ausbildung. Auf der Grunderziehung bauen alle weiteren Schritte auf. Ist keine gute Basis gegeben, ist es nahezu unmöglich, anspruchsvolle Aufgaben, wie zum Beispiel Seitengänge gemeinsam zu erlernen. Zum Beziehungsaufbau gehört vergleichsweise das Hufgeben, das freie Stehen beim Putzen und miteinander Schmusen, um Nähe herzustellen. Gemeinsames Erleben von alltäglichen Dingen, die in einem Reitstall oder in der Umgebung geschehen (Traktoren, Regenschirme usw.) sind besonders wichtig und fördern das Grundvertrauen und somit die gemeinsame Arbeit.

Ausrüstung des Pferdes	Ausrüstung des Bodenführers
• Kappzaum	• Handschuhe • Akademische Handarbeitszügel • Bodenarbeitsgerte • Handschuhe

Der zweite Schritt der akademischen Bodenarbeit ist das Führtraining. In der Führposition sollte sich der Mensch vor dem Pferdekopf befinden. Dies ist für Pferd und Pferdebesitzer eher eine ungewöhnliche Position. Das Pferd sollte deshalb erst einmal in Ruhe darauf vorbereitet werden, indem man diese Führweise übt. Die klassische Bodenarbeitsposition befindet sich frontal vor dem Pferdekopf. Dies ist für einige Pferde aufdringlich und unangenehm. Es ist sinnvoll, die Reihenfolge des Trainings genau zu beachten und Schritt für Schritt vorzugehen.

Der Kappzaum

In der akademischen Bodenarbeit wird immer der Kappzaum im Training eingesetzt. Ob Bodenarbeit, Longieren oder Reiten - es ist immer ein und dasselbe Werkzeug. Deshalb ist es wichtig, den Kappzaum richtig zu verschnallen und anzupassen. Bereits vor Jahrhunderten kam der Kappzaum zum Einsatz, allerdings mit fragwürdiger Zäumung. Oft wurde damit nicht gerade zimperlich umgegangen. Heute wissen wir mehr über das Wohl der Pferde und sind sensibler im Umgang geworden. Mit dem Einsatz des Kappzaums will man im Training nicht mehr „mit dem Kopf durch die Wand", sondern man arbeitet in dieser Trainingsform nach Regeln zum Wohle des Tieres. Das Pferd wird nicht mehr gezwungen, sich auf brutale Weise zu unterwerfen.

Folgende Regeln sollen bei der Anwendung eines Kappzaums beachtet werden:

- Der Nasenriemen sollte nach Möglichkeit lang genug sein, sodass die Backenstücke nicht auf der Jochbeinleiste liegen.
- Die Längen des Backenstücks sind verantwortlich dafür, auf welcher Höhe der Nasenriemen aufliegt. Dieser sollte zwei fingerbreit unterhalb der Jochbeinleiste liegen.
- Der Kappzaum darf nicht zu tief liegen. Das kann die Atmung des Pferdes im Training beeinflussen. Abgesehen davon ist die Verletzungsgefahr höher, da das empfindliche Nasenbein bei zu starker Einwirkung brechen kann. **Hier ist präzise Feinarbeit zu leisten! Der Kappzaum muss mindestens vier Fingerbreit oberhalb der Nüstern liegen.**
- Nasen- und Kinnriemen dürfen keinen Druck auf die Backenzähne des Pferdes erzeugen. Wir wissen, der Oberkiefer ist größer bzw. breiter als der Unterkiefer, somit würde Druck erzeugt werden, der für die Wangen und die Backenzähne Verletzungsgefahr bedeutet.

- Der Nasenriemen des Kappzaums darf nicht zu fest verschnallt werden. Das Pferd soll die Möglichkeit haben, ein Leckerli zu kauen. Zwei Fingerbreit zwischen Nasenriemen und Nasenrücken sind optimal.

Es gibt eine große Auswahl an Kappzäumen. In der akademischen Bodenarbeit wird überwiegend das Cavecon genutzt. Es ist leicht anzupassen und liegt gut an.

Die Gerte

Die Gerte dient als Schenkel- und Zügelhilfe zugleich. Die Zügelhilfe findet in der Halsbeuge statt. Schenkelhilfen werden mit einem sanften touchieren des Bauches durchgeführt. Dies hat zur Folge, dass das Pferd den Hinterfuß weiter vorsetzt.

Das Rückwärtsgehen

Mit Rückwärtsgehen ist nicht das Rückwärtsrichten des Pferdes gemeint. Es geht hier viel mehr um die Position, die der Bodenführer einnimmt.

Das Rückwärtsgehen ist keine völlig natürliche Haltung für einen Menschen. Im Gegenteil, es ist außergewöhnlich und bedeutet zurücktreten, ausweichen, Vorlass gewähren und womöglich auch Flucht. Das Zurücktreten führt auf neue Wege und verändert den Blickwinkel. Es bedeutet auch Umkehren, Einsehen und Verständnis zeigen.

Rückwärtsgehen lässt den Menschen aufrecht werden und hat eine besondere Wirkung auf den Schwerpunkt des Körpers. Ein anderes Körpergefühl tritt in Kraft.

Der Vorteil vom Rückwärtsgehen ist, dass es die Wirbelsäule stärkt, die Hüfte kräftigt und somit eine eventuell blockierte Beckenschaufel wieder frei werden kann.

Das wichtigste im Rückwärtsgehen ist allerdings der Perspektivwechsel. Denn dies kann dazu führen, dass der Bodenführer und das Pferd in eine viel intensivere Kommunikation treten können. Sie stehen sich permanent gegenüber.

Der Wechsel der Perspektive lässt den Bodenführer das gesamte Pferd in all seinen Bewegungsabläufen wahrnehmen und beobachten. Dinge, die der Korrektur bedürfen, können umgehend erkannt und verändert werden. Aus diesem Grund ist es sehr empfehlenswert, das Rückwärtsgehen im Training auszuprobieren und dieses eventuell grundsätzlich zu übernehmen.

Stellung und Biegung

Das wichtigste in der akademischen Bodenarbeit ist die Stellung und Biegung. Ziel ist es, das Pferd zu Dehnen, eine gewisse Durchlässigkeit herzustellen und eine gute Balance zu erarbeiten.

Übungen im Führtraining

1. Pferd und Bodenführer achten aufeinander und bewegen sich aufmerksam nebeneinander in dieselbe Richtung. Der Handarbeitszügel hängt entspannt herunter, die Gerte befindet sich außerhalb des Sichtfeldes.
2. Möchte das Pferd das Tempo erhöhen, verwehrt der Bodenführer dies mit der Gerte. Er hält diese leicht schräg vor das Pferd und vermittelt ihm so, dass es langsamer werden soll.
3. Möchte das Pferd seinen eigenen Weg gehen und läuft es unaufmerksam weiter, ohne auf seinen Bodenführer zu achten, wird der Weg mit der Gerte deutlich versperrt.

4. Ist das Pferd nicht mehr mit der Körperhilfe zu regulieren, muss eine Korrektur erfolgen, indem der Zügel angespannt wird.

Sind diese Übungen in der Führposition ohne Probleme durchzuführen, kann mit der Biegung und Stellung begonnen werden. Die sogenannte Lateralbiegung (seitliche Biegung und Längsbiegung) steht am Anfang des Trainings. Hiermit wird der Grundbaustein für die weitere Ausbildung gelegt.

Die Lateralbiegung wird gefördert, indem man sich auf Schulterhöhe mit Blick zum Pferdekopf stellt, die Hand auf den Widerrist legt und mit dem Bodenarbeitsseil den Kopf des Pferdes langsam in Widerristhöhe zieht/dehnt.

Wichtig hierbei ist, vor allem bei steifen Pferden, nur in kleinen Schritten zu dehnen, um nach wenigen Sekunden der Dehnung wieder nachzugeben. Fängt das Pferd zu kauen an, ist sofort nachzugeben. Diese Übung sollte in beide Richtungen mehrfach wiederholt werden. Es ist empfehlenswert, die Dehnübungen vor jeder Trainingseinheit durchzuführen, da die Bewegung und Biegung das Arbeiten aktiv verbessert.

Übungen am Zügel

Übungsaufgabe	Direkte Hilfen	Verwahrende Hilfen
Schulterherein	innerer Schenkel und äußerer Zügel	äußerer Schenkel und innerer Zügel

Das Pferd wird auf die Zirkellinie gestellt. Es ist darauf zu achten, dass sich Körper und Hand vor dem Pferdekopf befinden. Die innere Schulter dreht sich in Richtung des Pferdes. Die Gerte übernimmt die Funktion des inneren Schenkels. Sie verstärkt die Aufforderung mit einem touchierenden Signal in dem Moment, in dem das Pferd den Hinterfuß abhebt.

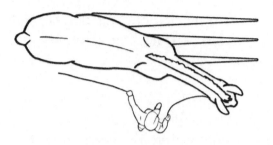

Übungsaufgabe	Produzierende Hilfen	Verwahrende Hilfen
Kruppeherein	äußerer Schenkel und innerer Zügel	innerer Schenkel und äußerer Zügel

Die Gerte ist Ersatz für den äußeren Schenkel. Sie zeigt diagonal über den Pferderücken und bringt damit den äußeren Hinterfuß unter den Schwerpunkt. Das Pferd bewegt sich gerade nach vorne, die Hinterhand ist auf den inneren Hufschlag gebogen. Insgesamt findet die Übung auf drei Hufschlägen statt. Eine gut ausgeführte Kruppeherein ist daran zu erkennen, dass sich das Pferd trotz dieser Biegung gerade nach vorne bewegt.

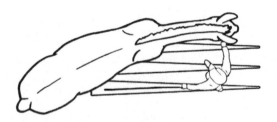

Anfänger sollten die Bande als Begrenzung nutzen. Diese ist bei Beginn eine große Hilfe.

Wenn alle Hilfen richtig verstanden sind, Schulterherein und Kruppeherein sicher an der Bande ausgeführt werden, kann mit der Ausbildung auf dem Zirkel begonnen werden.

FAZIT

In der akademischen Bodenarbeit wird die Stellung und Biegung im Stand und anschließend im Gehen erarbeitet. Hierfür werden ein Kappzaum und eine Bodenarbeitsgerte genutzt. Das Pferd lernt den Hinterfuß unter den Schwerpunkt zu bekommen, Seitengänge sowie Schulterherein und Kruppeherein. Es soll ein Kommunikationsweg erarbeitet werden, der eine gemeinsam verstehende Sprache entwickelt.

Natural Horsemanship

Natural Horsemanship bedeutet nichts anderes als die natürliche Kommunikation und der pferdegerechte, pferdeverständliche Umgang mit dem Tier. Ein Pferd kommuniziert hauptsächlich über die Körpersprache und sein Verhalten. Eine vertrauensvolle und harmonische Beziehung zu entwickeln, setzt voraus, die Sprache der Tiere zu erlernen, sie zu verstehen und zu „sprechen".

Von Natur aus sind Pferde Fluchttiere, sie sind skeptisch und fühlen sich sehr schnell eingeengt. Theoretisch passt das Pferd eigentlich gar nicht zum Menschen bzw. zu dem was der Mensch von ihm verlangt. Pferde sind aber auch sehr soziale Tiere, die in einer Herde leben. Wenn ein Pferd also einen Menschen als Herde/Herdenführer akzeptiert, kann man sich als Mensch ihre Flexibilität und Lernfreude zu Nutze machen und viel Spaß und Freude mit ihnen erleben.

Wenn man eine Herde beobachtet, stellt sich schnell heraus, welches der Tiere die Herde leitet, also das Sagen hat und wer die untergeordneten Rollen einnimmt. Ein Pferd, das sich Platz verschafft, ist ranghöher. Ein Pferd, das weicht, ist der Rangniedrigere. Kopfnicken, mit dem Huf auftreten oder die Änderung der Ohrenstellung kann bereits ein Platzweichen veranlassen. Die Idee hinter Natural Horsemanship ist, sich in das Pferd hineinzuversetzen, um das Verhalten zu studieren. Die Arbeit baut auf dem Prinzip der geregelten Rangordnung auf, wobei der Mensch dem Pferd zu verstehen gibt, dass er eine aufrichtige Beziehung anstrebt. Durch Streicheln, Schubsen und Vertreiben nutzt er die Körpersprache des Pferdes. Sobald es den Menschen als Herdenführer anerkannt hat, kann die eigentliche Arbeit losgehen. **Wichtig zu erwähnen ist, dass Schubsen und Vertreiben keinesfalls zu grob oder gar verletzend stattfinden darf. Die Hilfen dürfen nur richtungsweisend sein und nicht willkürlich zur Anwendung gebracht werden. Deshalb ist es anzuraten, Natural Horsemanship bei einem erfahrenen Trainer zu erlernen oder**

sich das grundlegende Wissen durch Fachliteratur sehr sorgfältig anzueignen.

Das Großartige an Natural Horsemanship ist, dass es keine bestimmte Art der Reitweise voraussetzt. Jeder Pferdemensch, ob Freizeit-, Dressur-, Spring- oder Westernreiter, kann es sich zunutze machen.

Ausrüstung des Pferdes	Ausrüstung des Bodenführers
• Knotenhalfter • eventuell einen Halsring	• Bodenseil • Horsemanship Stick • Handschuhe

Die Ausrüstung bei Natural Horsemanship ist von großer Bedeutung. Ein guter Horsemanship kommt prinzipiell auch ohne die Ausrüstung und Hilfsmittel zurecht. Entscheidend ist aber, dass Hilfsmittel die Kommunikation um ein Vielfaches vereinfachen.

Das richtige Aufhalftern geht allen anderen Schritten voraus. Es geht nicht nur darum, dass das Tier am Ende ein Halfter auf dem Kopf trägt, vielmehr ist dies bereits eine Vertrauensangelegenheit und somit eine wichtige erste Übung.

Das richtige Aufhalftern mit dem Knotenhalfter

Schritt 1: Es wird die Position links neben dem Pferd eingenommen. Die Blickrichtung sollte gleich sein. Der rechte Arm wird über den Pferdehals gelegt, der linke Arm führt unter dem Pferdehals hindurch. Es sollte ähnlich sein wie bei einer Umarmung des Pferdehalses.

Schritt 2: Nun wird das Verschlussteil auf der anderen Seite des Pferdes in die rechte Hand genommen.

Schritt 3: Jetzt ist bereits das Halfter um den Hals gelegt. Damit ist die erste Hürde gemeistert und der Bodenführer erhält die Kontrolle über das Pferd.

Schritt 4: In diesem Schritt kann nun das Halfter vorsichtig über die Pferdenase gezogen werden.

Schritt 5: Das Knotenhalfter kann nun eingehakt, bzw. zugeknotet werden.

In vielerlei Fällen ist das Anlegen eines Halfters gar nicht möglich. Vor allem bei jungen Pferden, die noch keine Halfterführung kennen, weil sie eventuell in der Herde großgeworden sind und die meiste Zeit ihres Lebens auf der Koppel verbracht haben, gestaltet sich diese Grundvoraussetzung als Problem. Ein geschulter Horsemanship weiß damit umzugehen. Ist dies nicht der Fall, sollte man Abstand davon nehmen es selbst zu versuchen, ein wildes Pferd halterführig machen zu wollen. In den meisten Fällen wird eine falsche Körpersprache vermittelt und das Pferd ist irritierter als zuvor.

Handhabung des Sticks

Der Stick ist die Verlängerung des Arms. Er hängt die meiste Zeit nach unten und hat keine Bedeutung. Er wird nur selten eingesetzt und wenn, dann nur gezielt. Zur Gewöhnung oder zum Desensibilisieren kann das Pferd mit dem Stick berührt und gestreichelt werden. Der Horseman-Stick fungiert in keiner Weise als Peitsche.

Vorbereitung auf den Ernstfall

In dieser Übung geht es nicht um das Pferd, es geht um den Menschen. Wenn man in Besitz eines schwierigen Pferdes ist, empfiehlt es sich, für diese Übung ein „braves" Pferd zu leihen. Es geht primär darum, sich auf einem Standpunkt zu positionieren (und es ist tatsächlich der STANDpunkt gemeint) und nicht von diesem abzuweichen. Es ist nicht das Ziel, dem Pferd zu vermitteln, dass man es wegschicken will. Im Gegenteil, es soll damit vermittelt werde, dass es nicht in den Privatbereich des Menschen einzudringen hat - **NIEMALS, in keiner Situation!**

Im Ernstfall, wenn das Pferd nicht mehr entspannt reagiert, hat der Mensch bei der kleinsten Standortverletzung durch das Pferd seinen Standpunkt klar zu behaupten und zu beanspruchen. Die oberste Priorität dieser Übung ist die Sicherheit des Menschen im Training.

1. Ein fixer Mindestabstand wird gewählt.
2. Je aufgeregter und unsicherer das Tier ist, desto größer sollte der Distanzbereich sein.
3. In einer Stresssituation hat der Bodenführer sofortige Präsenz zu zeigen und freundlich aber bestimmend zu reagieren.
4. In der ersten Phase dreht der Bodenführer den Oberkörper mit angehobenen Ellbogen hin und her.
5. Im nächsten Schritt breitet er die Arme aus und bewegt sich.
6. Im darauffolgenden Schritt wird das Tier mit dem Ende des Führseils oder dem Stick angetippt, um sich aus dem Distanzbereich zu bewegen.
7. Wenn das Pferd Platz gemacht hat, hört der Bodenführer mit den Bewegungen auf, um dem Tier zu signalisieren, dass der gewünschte Abstand erreicht ist.

Erstes Roundpentraining mit einem Jungpferd

Vor dem Start mit Natural Horsemanship möchte ich erläutern, wie das erste Training mit einem jungen Pferd im Roundpen aussehen kann. Um noch einmal darauf zurückzukommen, ist es nicht empfehlenswert dies ohne Erfahrung oder ohne einen Experten durchzuführen. Die folgende Situationsbeschreibung dient rein zur Veranschaulichung und beschreibt KEINE Übung. In diesem Fallbeispiel wird ein Pferd vorgestellt, das bisher keine schlechten Erfahrungen mit Menschen gemacht hat. Im Gegenteil, es hat noch wenig Erfahrungen mit Menschen. Pferde, deren Verhalten aus schlechtem Umgang resultiert, sind oft schwer zu korrigieren und sind immer mit Geduld und Ausdauer individuell zu behandeln.

Ein Fallbeispiel

Beschreibung des Pferdes:

- Junge Stute (3 Jahre)
- In der Herde geboren
- Offenstallhaltung mit weiteren Jungpferden
- Wurde bisher an Halfter und Führstrick geführt

Schritt 1 – Klarheit über die Situation verschaffen

Da das Roundpen, wie der Name schon sagt, rund ist und somit für das Pferd keinerlei Möglichkeit besteht, dem Bodenführer auszuweichen, sollte man möglichst immer im Hinterkopf behalten, dass diese Situation sehr viel Druck auf das Pferd ausübt. Mit dieser Art Druck sollte man stets vorsichtig umgehen. Ein Roundpen dient dem Bodenführer dazu, seine Regeln stark zu kommunizieren. Wenn das Pferd allerdings nicht versteht, was der Bodenführer von ihm erwartet, kann es sehr schnell zu einer sehr starken Druck- bzw. Erdrückungssituation kommen, welche auch für den Bodenführer gefährlich werden kann. In einer Situation, in der gesunder Druck erzeugt wird, hat das Pferd nur wenig Wahlmöglichkeit. Es ist mehr oder weniger gezwungen, Gehorsam zu zeigen. Dem Bodenführer fällt in seiner Position und der speziellen

Situation große Verantwortung zu. Er benötigt umfangreiches Fachwissen, denn jede Trainingsart sollte pferdegerecht umgesetzt werden.

Schritt 2 – Roundpen erkunden lassen

Bevor mit der Arbeit, der jungen Stute begonnen wird, darf sie sich umsehen und feststellen, dass es kaum eine Möglichkeit gibt zu fliehen. Da unsere Stute eine relativ ruhige Genossin ist, begutachtet sie aufmerksam ihre Umgebung. Sie läuft durch das Roundpen, schnüffelt auf dem Boden und schnaubt hin und wieder. Kurzzeitig trabt sie an und lauscht etwas aufgeregt den Geräuschen und dem Wiehern ihrer Herde.

Schritt 3 – Treiben im Roundpen

Der Bodenführer betritt das Roundpen mit einer Longe oder dem Stick. Dieser kommt zunächst nicht zum Einsatz. Er hält die Hand auf Höhe der Hinterhand und geht ein Stück auf die Stute zu. Diese bewegt sich sofort vorwärts und dreht ein paar Runden im Schritt. Der Bodenführer hält währenddessen die Konzentration weiterhin auf der Hinterhand aufrecht. Nun möchte er, dass die Stute schneller wird und fordert sie auf anzutraben. Auch dies geschieht ohne Probleme. **Anmerkung: das Laufen im Roundpen sollte kein „scheuchen" sein. Vielmehr dient es dazu, das Pferd vorwärtszubewegen.**

Das Stehenbleiben gehört zum „Treiben" dazu. Der Bodenführer wendet sich von der Hinterhand ab und dreht sich ca. 90 Grad in Richtung des Kopf-/Schulterbereiches. Nun verspürt die Stute in dieser Zone Druck. Da der Bodenführer etwas zu ruckartig auf die Stute einwirkt, hält diese abrupt an und möchte umdrehen. Da dies nicht gewünscht ist, wirkt der Bodenführer dem entgegen, indem er die Hand wieder in Richtung der Hinterhand hält. Die Stute versteht die Handlung des Bodenführers und bewegt sich weiterhin in der gewollten

Richtung fort. **Anmerkung: Auch hier ist mit Feingefühl und Vorsicht mit dem notwendigen Druck umzugehen.**

Die Übung des Treibens und Parierens, setzt er eine Weile im Wechsel fort. Nach kurzer Zeit wendet er sich von unserer Stute ab und kehrt ihr den Rücken. Sie bleibt stehen und wartet auf weitere Reaktionen des Bodenführers.

Schritt 4 – Aufhalftern

Unsere Stute zeigt sich neugierig und beobachtet den Bodenführer aufmerksam. Er wartet bis die Stute komplett zum Stehen gekommen ist. Nun wendet er sich ihr wieder zu. Die Stute macht ein paar Schritte auf ihn zu und bleibt erneut ruhig stehen. In der Hand hält der Bodenführer ein Knotenhalfter und einen Führstrick. Er bewegt sich langsam auf die Stute zu. Vorsichtig berührt er sie am Hals, um eine Verbindung herzustellen und stellt sich mit dem Blick direkt gegenüber des Pferdehalses neben sie. Das Knotenhalfter wird wie oben beschrieben angelegt.

Schritt 5 – Das Führen

Unsere Stute soll nun neben dem Bodenführer laufen und ihm folgen. Er richtet den Blick in dieselbe Richtung, in die das Pferd blickt und geht entschlossen los. Die Stute versteht nicht, was von ihr verlangt wird, weshalb sie erst einmal stehen bleibt. Ein Auffordern mit der Stimme und eine Handbewegung in Richtung Hinterhand (Druck) veranlasst sie, dem Bodenführer zu folgen. In ruhigem Tempo läuft sie nun neben ihm her.

Schritt 6 – Das Stehenbleiben

Der Bodenführer richtet sich auf, bereitet sich innerlich darauf vor stehenzubleiben und hält an. Die Stute tut es ihm **nicht** gleich und läuft an ihm vorbei. Er nimmt sie zurück und läuft erneut mit ihr an. Wieder folgt das Pferd problemlos. Etwas ruckartig kommt der Bodenführer erneut zum Stehen. Die Stute erschrickt und macht einen Satz zur Seite.

Anmerkung: In diesem Fall, wurde zu aktiv mit dem Druck umgegangen. Es sollte darauf geachtet werden, dass so etwas im Training nicht vorkommt.
Anführen und Stehenbleiben finden im Wechsel statt. Im Anschluss ist das Training mit der Stute beendet.

In unserem Fallbeispiel arbeiten wir mit einem von Natur aus freundlichem und offenem Pferd, weshalb das Training relativ unkompliziert abläuft. Hat ein Pferd noch keine schlechten Erfahrungen gesammelt und wurde es bereits im Fohlen- bzw. Jährlingsalter an Halfter, Führstrick und an ein gewisses Maß an Menschenumgang gewöhnt, läuft das erste Training in der Regel ruhig ab. Bei übermäßigem Temperament, Menschenscheue oder schlechten Erfahrungen, kann dies ganz anders sein und bedarf Hilfe eines Horsemans mit Erfahrung.

Der Start in die Bodenarbeit mit Natural Hosemanship

Aller Anfang ist gar nicht so einfach. Oft fällt es schwer den richtigen Einstieg zu finden und sich nur auf das Pferd und sich selbst zu konzentrieren. Zudem kann es der Fall sein das sich ein Pferd erst gar nicht Führen lässt und man bereits Schwierigkeiten bekommt, wenn man es von der Koppel holen oder in der Box aufhalftern möchte. In diesem Ratgeber ist die Voraussetzung, dass das Tier sich aufhalftern und führen lässt. Wenn dies nicht möglich ist wird angeraten ggf., einen Horsemanship Experten hinzuzuziehen.

Der beste Start gelingt mit dem richtigen Führen. Manch einer möchte denken, dass da nicht viel dabei ist. Es ist allerdings die Grundlage für alle weiteren Aufgaben in der Arbeit mit dem Pferd, dass die Halfterführung ohne Probleme funktioniert. Wichtig ist, sein Ziel zu kennen.

Was wird in diesem Moment des Führens vom Pferd erwartet? Diese Frage sollte man sich am besten vor jeder Übungsaufgabe stellen, um sein Endresultat bereits vor dem inneren Auge visualisiert zu haben.

Der Pferdekopf sollte sich beim Führen in etwa auf der Höhe der menschlichen Schulter befinden. Eine Übung beim Führen wäre zum Beispiel, nicht nur von der üblichen linken Seite anzuweisen, sondern das Führen auch von rechts zu üben. Wird das Pferd von links geführt, wird das Führseil in der rechten Hand gehalten und der Stick in der Linken. Übt man das Führen von rechts, ist die Haltung umgekehrt. In beiden Fällen soll das Führseil locker herunterhängen.

Zum „Anführen" wird der rechte Arm angehoben, um das Pferd aufzufordern, vorwärts zu gehen. Es ist eine große Hilfe, Körperspannung aufzubauen. Das Pferd versteht dadurch, dass im nächsten Schritt etwas abverlangt wird. Selbst diese kleinen Kommunikationshilfen lösen beim Pferd meist schon die gewünschte Handlung aus. Wenn es nicht darauf reagiert, wird der Stick in Richtung Hinterhand gehoben. Das soll dem Pferd zeigen und letztlich bewirken, dass es vorwärts gehen soll. Bei jeder Anweisung ist dem Pferd ein wenig Zeit zu geben, um die Aufgabe in Ruhe umzusetzen zu können. Zum Stoppen nimmt der Bodenführer die Schultern nach hinten und bleibt aufrecht stehen. Gut geübt kommt auch das Pferd durch dieses Signal sofort zum Stehen. Sollte dies nicht der Fall sein, wird Druck auf das Führseil ausgeübt und ggf. rückwärtsgerichtet, um zu signalisieren, dass dieses Verhalten nicht gewünscht ist.

Umso weniger Druck im Training ausgeübt wird, desto sensibler wird die Kommunikation. Wenn die Kommunikation nun fein aufeinander abgestimmt ist, reichen minimale Zeichen, um sich mit dem Pferd zu verständigen. Denn in der freien Natur, sind Pferde ihrem Herdenführer gegenüber zu jeder Zeit sehr aufmerksam und alles was das Leittier tut, wird akribisch beobachtet.

Die fünf Zonen des Pferdes zur Kommunikation beim Natural Horsemanship

Zone 1: Die Zone eins beschreibt den Bereich vor dem Pferd bis zu den Nüstern.

Zone 2: Die Zone zwei erstreckt sich über die Vorderhand.

Zone 3: Die Zone drei betrifft die Mittelhand, den Teilbereich „Rippen".

Zone 4: Die Zone vier reicht über die Hinterhand.

Zone 5: Die Zone fünf charakterisiert alles, was hinter dem Pferd Druck erzeugt.

Damit die Bodenarbeit mit Natural Horsemanship erfolgreich funktioniert, ist es wichtig die 5 Zonen des Pferdes auswendig zu kennen. Viele Fehler geschehen bereits deshalb, weil das Pferd falsche Anweisungen bekommt bzw. auf die falschen Zonen eingewirkt wird. Es darf nicht sein, dass Druck in Zone 1 ausgeübt wird, in dem man sich vor das Pferd stellt (womöglich mit einer Gerte oder dem Stick) und am Führseil zieht, um es nach vorne zu bewegen. Diese Handlung erzeugt logischerweise die Rückwärtsbewegung und nicht wie gewollt das Vorwärtsgehen.

Übungsaufgaben im Bereich der 5 Zonen

Für die Übungen ist es wichtig zu wissen, dass alle Aufgaben mit dem Horseman-Stick ausgeführt werden. **Der Horseman-Stick dient lediglich zur Richtungsweisung. Das heißt, es wird durch die überlegte Bewegung Druck erzeugt. Wenn das Pferd die Übung richtig gemacht hat, wird es damit gestreichelt. Zu keiner Zeit ist es erstrebenswert, dass das Pferd Angst vor dem Stick hat.**

Zone 5: Um das Pferd vorwärts zu bewegen, benötigt man Druck in Zone 5. Das heißt, das Pferd wird mit dem Stick von hinten heraus am Führseil vorwärtsgetrieben. Das Pferd bewegt sich somit im Kreis um den Menschen herum.

Zone 4: Diese Zone bewegt die Hinterhand. Druck in dieser Zone auszuüben, soll bewirken, dass die Hinterhand ausweicht. Das zugewandte Vorderbein sollte im besten Fall über das abgewandte Vorderbein treten. Die Vorhand darf nicht auf den Menschen zukommen.

Zone 3: Wenn Druck mit dem Horseman-Stick in Zone 3 ausgeübt wird, bewirkt dies ein Seitwärtsgehen des Pferdes. Der Stick zeigt auf den Rippenbogen und abwechselnd auf Zone 1, um dem Pferd zu signalisieren, dass man das alleinige Seitwärtsgehen ausführen möchte und kein gleichzeitiges „Abhauen" über die Vorhand.

Zone 2: In dieser Zone wird Druck mit dem Horseman-Stick auf die Vorhand ausgeübt. Die Bewegung mit dem Stick zeigt dem Pferd, das die Schulter weichen muss. Das Pferd wird mit dem Stick anschließend am Hals gestreichelt, um ihm klarzumachen, dass es die Aufgabe richtig ausgeführt hat.

Zone 1: Der Druck wird durch Bewegung des Sticks vor dem Pferd ausgeübt. Dies bewirkt, das Rückwärtsgehen.

Der Distanzbereich

Mensch und Tier haben ihren eigenen Distanzbereich und somit eine Privatzone. In diese Zone einzutreten, bringt Bewegung ins Spiel. Wer bewegt aber nun wen? Ein guter Herdenführer verschafft sich, ohne Aggression und Gewalt, den nötigen Respekt. Für das Pferd bedeutet dies ein starkes Leittier an der Seite zu haben. Könnte ein Pferd Fragen stellen, würden diese wohl lauten: „Kannst du auf mich aufpassen? Bist du stark genug?". Diese Frage sollte man sich gut durch den Kopf gehen lassen, bevor man mit der gemeinsamen Arbeit beginnt. Am Ende müsste die Antwort klar „Ja!" lauten.

Vorgehensweise Rückwärtsrichten

Es gibt vielerlei Gründe, warum es wichtig ist, das Pferd rückwärts richten zu können. Es kann zum Beispiel beim Verladen des Pferdes benötigt werden, oder wenn man mit dem Pferd in eine Engstelle gerät.
Mögliche Vorgehensweise:

- Sich vor das Tier stellen
- den Blick direkt auf den Pferdekopf richten
- Bewegung des Seils aus dem Handgelenk heraus und danach aus dem Ellenbogen
- wenn notwendig leichtes touchieren des Pferdes mit dem Stick.

Sobald das Pferd den ersten Schritt nach hinten macht, sofort den Druck herausnehmen. Die Aufgabe ist bewältigt.

Vorgehensweise Vorder-/Hinterhand weichen

Vorhand weichen bedeutet seitwärts zu gehen. Es kann sehr hilfreich sein, diese Übung mit der Anlehnung an eine Bande zu üben, damit das Pferd nicht vorwärtsgehen kann. Abwechselnd wird mit dem Stick angezeigt, dass das Pferd einen Schritt mit der Vorhand und einen Schritt mit der Hinterhand tritt. Diese Aufgabe gehört bereits zu den etwas Schwierigeren. Mit viel Übung wird es bald funktionieren.

Vorgehensweise Übertreten

Das Übertreten dient dazu, das Pferd zu lockern und zu dehnen. Außerdem wird damit die Hinterhand aktiviert und mobilisiert.

Mögliche Vorgehensweise:

- Das Pferd wird in einer Volte geführt
- der menschliche Körper ist zum Pferd gewandt
- das Pferd wird mit dem Kopf zum Menschen gestellt
- der Stick zeigt in Richtung Hinterhand
- es wird gemeinsam vorwärts gegangen

Vorgehensweise Schulterherein

Bei Schulterherein ist das Pferd gegen die Bewegungsrichtung gebogen. Es läuft auf vier Hufschlägen seitwärts-vorwärts. Die Hinterbeine des Pferdes müssen überkreuzt werden. Dies bedeutet für das Pferd den Schwerpunkt verlagern und sich mehr versammeln zu müssen. Schulterherein ist also Versammeln und Lockern. Dies dient der Dehnung der Muskulatur und der Sehnen.

Diese Übungen sind geduldig durchzuführen. Weder vom Menschen noch vom Pferd kann am Anfang einwandfreies Ausführen erwartet werden. Deshalb ist diese Aufgabe möglichst konsequent zu wiederholen, um den Effekt zu verstärken.

Harmonie

Der Mensch soll in der Arbeit mit dem Pferd ein harmonisches Miteinander anstreben. Um dies zu erreichen muss er sich zuerst einmal auf das Pferd einlassen. Einer der Pioniere des Natural Horsemanships, Tom Dorrance, sagte: „First you go with the horse, then the horse goes with you, then you go together." Übersetzt heißt das so viel wie: Erst muss man sich auf das Pferd einlassen, dann ist das Pferd bereit sich auf den

Menschen einzulassen und erst dann kann Harmonie zwischen beiden entstehen.

Ein wichtiger Grundgedanke in der Arbeit mit Pferden ist die Fehler nicht bei dem Tier zu suchen, sondern dass eigene Können und die eigenen Überzeugungen immer wieder in Frage zu stellen und darüber hinaus nachzudenken, in welcher Form man die Zusammenarbeit verbessern kann.

Eine gute Grundlage für ein harmonisches Miteinander ist bereits ausgeglichen an die Arbeit heranzutreten. Pferde sind sehr sensibel und können eine unruhige, ängstliche oder aggressive Art schnell wahrnehmen. Dies kann für Verunsicherung sorgen. Wer bereits vor der Trainingseinheit für innere Ruhe sorgt, geht gestärkt ins Trainingsgeschehen.

FAZIT

Natural Horsemanship ist eine hervorragende, natürliche Grundlage der Pferdearbeit. Wer die Körpersprache der Tiere beherrscht und sie auch anwendet, kann mit großartigen Erfolgen in der Zusammenarbeit rechnen. Darüber hinaus fördert es das Vertrauen und hält vielerlei Übungen zum Gymnastizieren des Pferdes bereit.

Gelassenheitstraining mit dem Pferd

Pferde sind Fluchttiere. Wann immer eine Gefahr droht, sind sie bereit, um ihr Leben zu rennen. Diese angeborene Eigenschaft ist unterschiedlich ausgeprägt. Bei den meisten Pferden ist die Nervenstärke begrenzt. Wenige Pferde sind von Natur aus schwer aus der Ruhe zu bringen. Manche Pferde können zur Gelassenheit trainiert werden. Im großen Stil wird dies zum Beispiel mit Polizeipferden, die nichts mehr erschrecken kann, trainiert und erprobt. Diese Art von Training kann sich jeder Pferdebesitzer zunutze machen. Nichts ist entspannter als die Arbeit mit einem gelassenen Pferd.

Ausrüstung des Pferdes	Ausrüstung des Bodenführers
• Halfter und Führstrick oder Kappzaum und Führseil	• Handschuhe • sämtliche Gegenstände wie zum Beispiel: eine Plane, Flattervorhang, Luftballons, Pylonen, Staubwedel, Regenschirm, Kinderwagen (ohne Kind!)

Bereits einfache Gegenstände wie Regenschirme, Planen oder ein Kinderwagen, können einem Pferd ausgesprochen große Angst einflößen. Die Reaktion ist in der Regel aufgeregtes Fluchtverhalten. Bei den Gelassenheitsübungen sollte das Pferd nicht mit Zwang durch eine Situation durchmüssen. Im Gegenteil, es soll mit einer langsamen Herangehensweise herangeführt werden, sodass sich die Angst durch Übung und Erfahrung weiter abbaut. Meist entwickelt sich schnell ein Grundvertrauen. Das Tier weiß, dass es mit dem Bodenführer, mit dem es beispielsweise schon den Flattervorhang bewältigt hat, auch keine Angst bei der Bodenplane haben muss. Und so festigt sich sicheres Verhalten in aufregenden Situationen. Im Alltag empfindet das Tier flatternde Gegenstände und ähnliches nicht mehr als bedrohlich.

Grundregeln des Gelassenheitstrainings

1. Annäherung an den Gegenstand nur ohne Zwang und übermäßigem Druck.

2. Der Bodenführer nimmt selbst eine gelassene aufrechte Körperhaltung ein.
3. Das Führseil sollte nach Möglichkeit zu keiner Zeit auf Zug kommen, sondern locker in der Hand gehalten werden.
4. Das Pferd darf um den Gegenstand herumlaufen und sich vertraut machen (auch wenn es Zeit in Anspruch nimmt).
5. Dem Tier muss es erlaubt sein, immer wieder stehenzubleiben.
6. Ein kurzer Rückzug ist ebenfalls erlaubt.

Übungen zum Gelassenheitstraining

Bodenplane:

Kaum ein Pferd tritt freiwillig auf eine raschelnde Plane. Die meisten schrecken erst einmal zurück. Je nach Vertrauen und Grundgelassenheit dauert es einige Zeit, bis das Fluchttier Pferd dazu zu motivieren ist. Bei dieser Übung ist zu beachten, dass die Plane gut befestigt wird, damit sie der Wind nicht weg- oder aufwehen kann. Dies könnte dazu führen, dass das Pferd sich die „große Gefahr" einprägt und ein weiteres Training erst einmal nicht mehr möglich ist.

Der erste Schritt ist, das Pferd an die Plane heranzuführen. In Volten wird das Pferd immer näher an die Bodenplane herangeführt. Es ist wichtig, dem Pferd die notwendige Zeit zu geben, den Gegenstand, der ihm Angst einjagt, betrachten zu dürfen. Unter Umständen wird es ihn anschnuppern wollen, was als gutes Zeichen gedeutet werden kann.

Wenn das Tier so weit ist und ruhig an der Plane steht, kann man den ersten Schritt auf die Plane wagen. Vermutlich wird das Pferd erst einmal zurücktreten. In jedem Fall sollte man darauf gefasst sein, dass es versucht, einen Satz darüber zu machen. Im besten Fall läuft das Pferd gemeinsam mit dem Bodenführer darüber. Die Übung ist so lange zu wiederholen, bis die Plane kein Problem mehr für das Pferd darstellt.

In einem weiteren Schritt kann man die Plane aufheben, dem Pferd immer näherbringen und diese am Ende vielleicht sogar über den Rücken des Pferdes legen. Um so weit zu kommen, bedarf es allerdings meist großer Geduld.

Flattervorhang:

Der Flattervorhang ist für die meisten Pferde eine große Herausforderung. Zum einen, weil sich die herunterhängenden Bänder bewegen und zum anderen, weil es nicht gut durchblicken kann und somit nicht sieht, was sich auf der anderen Seite des Vorhangs befindet.

Behutsam sollte man das Pferd an den Flattervorhang heranführen, damit es diesen in Ruhe betrachten kann. Es ist wichtig, die Reaktion des Pferdes gut zu beobachten, um auf Überraschungen gefasst reagieren zu können. Ist das Pferd in einem interessierten, ruhigen Zustand, können die ersten Schritte durch den Vorhang gewagt werden. Es kann sein, dass das Tier während des Durchlaufens schneller wird oder gar einen Satz nach vorne macht. Wenn es allerdings einmal geschafft ist, wird es beim nächsten Mal schon wesentlich entspannter funktionieren.

Ein Pferd, das sich bereits mit dem Flattervorhang vertraut gemacht hat und keine Angst mehr entwickelt, kann auch rückwärts durch den Vorhang gerichtet werden. Optimal wäre es, den Flattervorhang in einen Gelassenheitsparcours einzubinden.

Regenschirm:

Viele Pferdebesitzer kennen das Problem mit dem Regenschirm. Er scheint eine besonders starke Wirkung auf Pferde zu besitzen. Dafür muss er sich noch nicht einmal bewegen, um Angst und Fluchtgedanken beim Pferd auszulösen.

Im ersten Schritt spannt man den Regenschirm auf und stellt ihn an einem beliebigen Ort in der Halle auf. Wie bei den anderen Gegenständen lässt man das Pferd beobachten und schnuppern. Wenn das Tier den Regenschirm mit der Nase berührt und sich dieser bewegt, kann es zum Zurückschrecken kommen. Am besten ist es, wenn man das Pferd langsam herantasten lässt und sich der erste Schreck legt. Hat sich das Tier daran gewöhnt, kann man mit der Hand über den Schirm streichen. Dies erzeugt bei einigen Schirmen ein Geräusch. Ist auch das kein Problem mehr, spricht nichts dagegen, ihn langsam in die Hand zu nehmen. Hierbei kann es nützlich sein, die Farben aus der Dual-Aktivierung einzubringen. Die Farben Gelb und Blau können Pferde am besten sehen. Sie unterscheiden sich allerdings in ihrer Wirkung wesentlich. Gelb stellt im Tierreich eine Warnfarbe dar und ist ein Synonym für giftig und gefährlich. Somit empfiehlt es sich, mit einem blauen Schirm zu beginnen, da die Farbe die Neugierde weckt.

Kinderwagen, Mülltonnen, Heuballen:

Die oben aufgezählten Gegenstände sind unter den Fluchttieren oftmals gehasste Objekte. Sie lösen Angst, Stress und vor allem Unsicherheit aus. Um Pferde mit diesen Dingen vertraut zu machen ist es ratsam, sie einzeln an diese „Gefahren" heranzuführen. Begonnen wird mit dem Beispiel „Kinderwagen". Diese Situation ergibt sich häufig am Reitstall oder beim Ausreiten. Manche Pferde empfinden die Bedrohung als so schlimm, dass es mit ihnen kaum ein Vorbeikommen gibt. Zur Sicherheit von Mensch und Tier ist es wichtig, dass die Pferde diese Gefahrenquellen kennen und sie die Angst davor abgelegt haben.

Wie bei den anderen Aufgaben kann man den angsteinflößenden Gegenstand, z.B. einen ausrangierten Kinderwagen, in die Reithalle stellen, damit ihn das Pferd ausgiebig betrachten und beschnüffeln kann. Wichtig ist es, diese Übung **ohne** Kind durchzuführen. Die Situation könnte sonst unter Umständen gefährlich enden.

Wenn sich das Pferd an den stehenden Kinderwagen gewöhnt hat, kann man anfangen diesen zu bewegen. Am Ende wäre es optimal, wenn sich das Pferd gleichzeitig parallel zum Kinderwagen führen ließe.

Diese Übungen lassen sich mit anderen angsteinflößenden Gegenständen, zum Beispiel Mülltonnen, Schubkarren etc. in gleicher Form und mit gleichem Ablauf wiederholen.

Festzuhalten bleibt noch, dass wir in diesem Ratgeber von Gelassenheitstraining sprechen. Eine andere Variante wäre das „Anti-Schreck-Training". Dieses ist sehr hart, denn es werden hierbei oftmals Übungen mit Schreckschusspistolen oder ähnliche Gegenstände durchgeführt. Bei Freizeitreitern sind solch harte Trainingseinheiten nicht anzustreben und auch aus Sicherheitsgründen nicht empfehlenswert.

FAZIT

Das Gelassenheitstraining bedarf viel Ruhe, vor allem bei jungen oder sehr ängstlichen Pferden. Deshalb sollte man selbst in sich Ruhen, während man die Übungen durchführt. Die Sicherheit des Bodenführers überträgt sich auf das Tier. Zwang sollte vermieden werden. Druck darf nur ausgeübt werden, wenn das Pferd im Anschluss die Möglichkeit bekommt, sich zurückzuziehen und mit Druckentnahme belohnt wird. Außerdem ist es bei dieser Trainingsart sehr einflussreich, das Pferd zu belohnen. Positive Verstärkung kann wahre Wunder bewirken.

Lernspiele für Pferde

Viele Pferdebesitzer stellen sich die Frage, ob Pferde überhaupt spielen können. Wenn Ja, welchen Zweck erfüllt das Spielen und wie sinnvoll ist es? Vor allem junge Tiere „spielen" gerne miteinander. Sie jagen sich und laufen voreinander davon. Hierbei handelt es sich jedoch in der Regel nicht nur um Spaß, sondern um Phasen der Entwicklung von Bewegungsabläufen. Das Pferd lernt herdengerechtes Verhalten, was zur Übung dient, um in Gefahrensituationen schnell und richtig reagieren zu können. Nicht zuletzt ist es wichtig, um das Sammeln von Erfahrungen im sozialen Umgang mit Artgenossen zu erlernen. Auf der Fohlenweide beginnen die ersten Rangeleien um den späteren Rang. Für menschliche Verhältnisse sieht das Spielen bei Pferden ausgesprochen grob aus. Zwicken und Tritte gehören dazu. Ein Spiel zwischen Mensch und Pferd sollte kein Kräftemessen erforderlich machen. Der Mensch wäre dem Pferd in jeglicher Hinsicht körperlich unterlegen. Sinnvoll könnte es sein, eine andere Form des Spielens mit dem Tier zu erlernen.

Prinzipiell ist es wichtig, eine angstfreie Spielatmosphäre zu schaffen, um auszuprobieren, was dem Pferd Spaß bereitet. Beim Spielen sollte man außerdem frei von Erwartungen sein. Wenn etwas nicht so funktioniert, wie man es sich vorgestellt hat, darf man gerne darüber hinwegsehen. Spielen ist Spaß und soll Besitzer und Pferd glücklich machen. Das Resultat daraus ist Vertrauen und gegenseitiger Respekt. Schlechtes Benehmen darf vom Pferd in keiner Weise geduldet werden. Schubsen, Zwicken oder Umrennen gehören nicht zum Spiel zwischen Pferd und Mensch und überschreitet die Toleranzgrenze.

Der Spieltrieb ist bei Pferden je nach Rasse, Kraft und Temperament unterschiedlich ausgeprägt. Es lässt sich jedoch fast jedes Pferd zum Spielen motivieren.

Ausrüstung des Pferdes	Ausrüstung des Bodenführers
Pferde spielen am besten frei und benötigen außer eventuell einem Halfter keine weitere Ausrüstung	• Verkehrshütchen • großer Spielball • Hula-Hoop-Reifen • ausrollbarer Teppich • Karton • Wasserbehälter wie z.B. Planschbecken • stabiles Podest

Warum soll ein Pferd spielen?

- Wer spielt, hat Spaß und genießt das Leben - das ist auch bei Pferden so.
- Spielen fördert die Auffassung des Pferdes.
- Ein Pferd lernt beim Spielen, sich auf neue Situationen einzustellen und wird flexibler.
- Die verschiedenen Gegenstände, die das Pferd kennenlernt, machen das Pferd im Alltag nervenstärker.

Spielideen für Pferd und Mensch

1. Eine Kissenschlacht veranstalten:

Viele Pferde nehmen gerne Gegenstände ins Maul und schütteln sie durch. Das kennt man häufig aus dem Pferdehänger, in dem das Heunetz liebend gerne gebeutelt wird. Wirft man einem Pferd also ein Kissen zu, ist die Wahrscheinlichkeit groß, dass es damit spielt und das Kissen hin und her rüttelt. Generell sollte darauf geachtet werden, nur mit einem stabilen, mittelgroßen Kissen zu spielen, um die Sicherheit zu gewährleisten.

2. *Ballspielen macht Spaß:*

Mit einem Gymnastikball oder einem speziellen Trainingsball für Pferde, lässt sich einiges anstellen. Die Handhabung ist unkompliziert und die meisten Pferde nehmen das Spiel gerne an. Der Ball wird in der Halle zum Rollen gebracht. Eventuell schubst man ihn mehrmals an, damit das Pferd versteht, worauf der Mensch hinaus möchte. Im nächsten Schritt lässt man dem Tier Zeit, sich an den Ball heranzutasten. Die meisten Pferde fangen recht schnell damit an, den Ball entweder mit dem Maul oder dem Vorderbein anzuschubsen. Das Spiel mit dem Ball können Mensch und Tier gut gemeinsam spielen. Aber auch allein können sich Pferde längere Zeit mit einem Ball beschäftigen. Richtig spannend wird es, wenn Pferde in der Herde spielen.

3. *Hula-Hoop, für die Mitte:*

Bei diesem Spiel ist Geduld gefragt. Zuerst übt man den Hoola-Hoop-Reifen über den Hals des Pferdes zu legen. Bei einem ruhig stehenden Pferd, das sich nicht bewegt, den Kopf aufrecht hält und den Vorgang kennt, kann man vorsichtig versuchen, den Reifen über den Hals zu werfen. Hat das Pferd erst einmal verstanden, was der Mensch von ihm erwartet, hält es womöglich bereits bereitwillig den Kopf nach vorne, um das Spielchen mitzumachen.

4. *Der rote Teppich für das Pferd:*

Für dieses Lernspiel wird vorausgesetzt, das Mensch und Pferd bereits ein wenig Spielerfahrung besitzen. Diese Übung geht bereits in die Richtung der zirzensischen Lektionen. Ziel dieses Spiels ist es, den Teppich mit der Nase auszurollen. Diesen Vorgang muss das Pferd erst einmal verstehen. Es ist von Vorteil, dem Tier zu demonstrieren, wie es in der Praxis aussehen soll. Der Mensch nutzt allerdings zum Ausrollen des Teppichs, den Fuß. Geübte und neugierige Pferde werden relativ schnell verstehen, um was es geht und anfangen den Teppich mit der Schnauze zu bewegen. Der Anreiz des Ausrollens erhöht sich enorm, wenn man in den Teppich Leckerlis einrollt.

5. _Fang mich doch:_

Fangen ist kein Spiel für jedes Pferd. Das Gespür etwas zu verfolgen und ihm nachzurennen ist meist nicht von Haus aus besonders ausgeprägt. Manche Pferde haben diesen Sinn gar nicht, andere nur leicht. Besteht die Voraussetzung, kann man das Tier mit Geduld meist dazu motivieren, mitzuspielen. Eine weitere wichtige Bedingung für ein gemeinsames Spiel ist eine klare Rangordnung. Andernfalls kann diese Form des Spielens gefährlich werden. Zuerst läuft das Pferd neben dem Menschen her. Drehungen und Wendungen werden mit der Körperhaltung angezeigt, indem man die Schultern in die Richtung bewegt, in die man gehen möchte. Das Ganze wird anschließend in einer schnelleren Gangart geübt. Aufmunternde Bewegungen, Zunge schnalzen und Spaß an der Sache haben, animieren das Pferd dazu, mitzumachen. Wenn dieses Spiel erst einmal funktioniert, ist es ein Spaß für Mensch und Tier. Darüber hinaus trainiert man, dass das Pferd dem Menschen freiwillig folgt und vertraut, sich die Beziehung festigt und die Reaktionsbereitschaft auf den Menschen sensibilisiert wird.

6. _Wasserspielchen:_

Wasser macht nicht jedem Pferd Spaß. Hat es jedoch einmal Gefallen daran gefunden, ist es meist ein Leichtes, es daran zu gewöhnen. Ein aufgeblasenes

Planschbecken ist optimal, um mit Wasser zu spielen. Eine Möglichkeit besteht darin, einen Apfel in das Becken zu werfen. Die meisten Pferde sind daran interessiert, sich diesen zu „angeln". Außerdem lernt das Tier mit einer ähnlichen Herangehensweise Futter von ungewöhnlichen Orten zu holen. In problematischen Situationen, wie zum Beispiel beim Verladen in den Pferdehänger, kann dies helfen.

FAZIT

Spielen mit Pferden sollte in erster Linie sowohl Mensch als auch Tier Spaß bereiten. Es gibt viele unterschiedliche Möglichkeiten. Selbstverständlich darf man kreativ werden und sich sinnvolle Spiele mit dem Pferd überlegen und diese durchführen. Die Sicherheit beim Spielen sollte allerdings immer vorrangig sein und der Vorgang gut durchdacht.

Die Zirzensik - Kunststücke erlernen

Der Begriff Zirzensik wird meist mit Zirkuslektionen assoziiert, er bedeutet aber sehr viel mehr. Es werden keine klassischen Zirkuslektionen wie „Ja oder Nein", mit den Hufen scharren oder das Zählen geübt. Gymnastizierende Übungen und erzieherische Kunststücke sind wesentlich. Der erste Schritt zur Zirzensik ist das Spielen mit dem Pferd. Der Übergang zwischen dem gemeinsamen Spiel und dem Erlernen von Kunststücken sollte fließend sein.

Die zirzensischen Lektionen werden immer von unten nach oben praktiziert. Das bedeutet, dass man mit Übungen wie zum Beispiel dem Kompliment, Knien und Hinlegen beginnt. Hat man diese Lektionen gut umgesetzt, geht man über zu den Aufgaben am Boden wie dem spanischen Schritt. Zirzensische Lektionen wie z.B. das Steigen sind sehr dominant und können unter Umständen gefährlich sein. Eine gute Basis in Bodenarbeit, Vertrauen und Respekt sind unumgängliche Voraussetzungen, um sich an diese Aufgaben heranzutasten.

Die Zirzensik hat einen ausgesprochen positiven Effekt auf die natürliche Schiefe und kann helfen, diese möglichst schonend zu korrigieren. **Ausschlaggebend dafür ist die richtige Anwendung. Es gibt einige gute Trainer mit sehr interessanten Kursangeboten. Gerade in der Zirzensik ist es hilfreich, Tipps und Tricks direkt von einem Profi zu erlernen. Falsch ausgeführte Lektionen können aufgrund von Fehlbelastungen zu erheblichen Schäden führen.**

Übungslektionen der Zirzensik

Das Kompliment:

Das Kompliment ist die Basis für alle weiteren Lektionen, denn es fördert die Balance und die Koordination. Darüber hinaus dient diese Übung zum Dehnen und zum gezielten Muskelaufbau.

Mögliche Vorgehensweise:

1. Das Pferd sollte gerade auf Vorder- und Hinterbeinen stehen.
2. Es ist wichtig, ein Kommando für das Verbeugen auszusprechen oder eine Geste mit der Gerte als Kommunikationshilfe zu verwenden. Oft wird das Wort „bitte" gebraucht.
3. Dem Pferd wird ein Leckerli vorne zwischen die Vorderbeine gehalten. Es soll zuerst lediglich den Kopf nach unten nehmen. Diese Haltung wird belohnt und ist mehrfach zu wiederholen.
4. Als Nächstes wird das Leckerli hinter die Vorderbeine gehalten. Wieder wird das Kommandowort, wie zum Beispiel „bitte", gesagt. Hierfür muss das Tier bereits ein großes Stück mit dem Kopf weiter hinunter als zuvor. Anschließend wird das Pferd wieder belohnt. Auch diese Übung sollte entsprechend oft wiederholt werden.
5. Nach und nach gibt man das Leckerli immer weiter nach hinten, bis es letztendlich zur Verbeugung kommt.

Nach geraumer Übungszeit wird es dem Pferd immer leichter fallen, diese Aufgabe auszuführen. Außerdem wird es aufgrund der intensiven Dehnungsübung die Bewegung immer besser umsetzen können.

Rauf auf das Podest:

Pferde sind wahre Kletterkünstler, deshalb lieben sie es, Podeste zu erklimmen. Manche Pferde muss man allerdings erst einmal auf die Idee bringen. Es ist wichtig, dass sich das Tier in Ruhe mit dem Podest vertraut macht.
Mögliche Vorgehensweise:

1. Im ersten Schritt wird ein Vorderfuß des Pferdes auf das Podest gestellt. Wenn das gut funktioniert, sollte das Pferd umgehend gelobt und belohnt werden. Anschließend wird die Übung mit dem anderen Vorderhuf ausgeführt.
2. Wenn das Pferd mit einem Bein sicher auf dem Podest steht, wird es mit einem Leckerli vorwärts gelockt. Die meisten Pferde lassen sich nicht lange bitten und treten mit dem zweiten Vorderhuf ebenfalls auf das Podest. Der Bodenführer steht dem Pferd bei dieser Übung gegenüber.

Apportieren für Pferde:

Normaler Weise apportieren Pferde ausgesprochen gerne. Sie tragen ihren leeren Futtereimer spazieren oder schütteln diesen mit Vorliebe herum. Dies ist ein beliebtes Spiel unter Pferden. Apportieren kann man sehr gut mit einer PET-Flasche üben. Dieser Gegenstand ist ungefährlich, fast immer griffbereit und erfüllt den Zweck, dass es für das Pferd mit dem Maul einfach zu greifen ist. Damit das Spiel noch mehr Spaß bereitet, kann man die Flasche mit Wasser oder Sand befüllen.

Bitte einmal Hinlegen:

Das Hinlegen setzt Vertrauen voraus. Es gibt einen Weg, der es relativ einfach macht, dem Pferd das Hinlegen beizubringen. Ist es gewohnt sich am Führstrick zu wälzen, funktioniert es mit dieser Variante besonders gut.

Wenn sich das Pferd nach dem Reiten gerne wälzt, kann man die Situation optimal zum Trainieren nutzen. Sobald der Sattel und die Trensen abgenommen sind und das Pferd den passenden Platz erschnüffelt hat, begibt man sich in dessen Nähe. Wenn es zum Wälzen ansetzt, klopft man mit der Gerte sensibel auf den Boden. Selbstverständlich ist hierfür auch ein Clicker geeignet. Diese Übung funktioniert über positive Verstärkung. Wird diese Aufgabe nach dem Reiten immer wieder durchgeführt, verknüpft das Pferd das Clickern bzw. die Geste mit der Gerte, mit dem Hinlegen. Schon bald wird sich das Tier auf Kommando hinlegen. Die von uns gewählte Methode ist eine von vielen und basiert auf dem natürlichen Verhalten des Pferdes. Sie stellt somit aus unserer Sicht die tierfreundlichste Variante dar.

Der spanische Schritt:

Wie bereits erwähnt, zählt auch der spanische Schritt zu den dominanteren zirzensischen Übungen. Deshalb ist es auch hier wieder sehr wichtig, dass die Rangordnung vorher klargestellt ist.

Mögliche Vorgehensweise:

1. Beim ersten Versuch ist es von Vorteil, eine Begrenzung durch die Bande als Hilfestellung zu nutzen. Das Pferd wird gerade auf den ersten Hufschlag gestellt.
2. Als Nächstes wird ein Vorderbein mit der Gerte leicht touchiert. Bei einer noch so kleinen Reaktion des Pferdes wird sofort mit einem Leckerli belohnt.
3. Die Übung ist mehrfach zu wiederholen, dabei sind die Seiten wiederholt zu wechseln.
4. Hat die Übung gut geklappt, wird in Folge ein Vorderbein touchiert. Das Pferd macht einen Schritt nach vorne und nun ist das andere Bein zu touchieren. Wichtig ist wieder, nach jedem Schritt zu belohnen.
5. Am Ende touchiert man während dem Vorwärtsgehen abwechselnd das linke und das rechte Vorderbein. So entsteht der spanische Schritt. Am Anfang ist es sinnvoll, nach jeweils 3-4 spanischen Schritten wieder in den normalen Schritt zu wechseln.

Für diese Übung wird dem Pferd sehr viel Konzentration abverlangt, deshalb darf sie nicht zu lange dauern und somit übertrieben werden. Die Aufmerksamkeitsspanne lässt relativ schnell nach. Am besten wird der spanische Schritt nach dem Reiten erlernt, wenn das Pferd warm ist und sich im Arbeitsmodus befindet. Mit ein paar Leckerlis ist das gesamte Training dann perfekt abgerundet.

Das Steigen:

Das Steigen ist eine äußerst eindrucksvolle Lektion, jedoch ist sie nicht für Anfänger geeignet. Steigen gehört zum natürlichen Verhalten von Pferden, ist aber auf Kommando nur schwer zu verlangen. Voraussetzung, um das Steigen auf Kommando zu erreichen, sind viel Geduld, fachliches Wissen, Erfahrung und vor allem große Ausdauer bei den Übungen. Auch hier ist eine geklärte Rangordnung von oberster Priorität. Das Tier darf nicht auf den falschen Weg geraten und möglicherweise auf die Idee kommen, dem Menschen überlegen zu sein. **Ist es gewünscht, diese Lektion zu erlernen, sollte unbedingt ein Experte für Zirzensik hinzugezogen werden. In diesem Ratgeber möchten wir das Steigen lernen aus Sicherheitsgründen nicht weiter erläutern.**

FAZIT

Zirzensische Übungen sind sehr beeindruckend und dienen, richtig angewandt, der Gymnastizierung des Pferdes und der Vertrauensbildung. Es ist von großer Bedeutung, dominante Lektionen, nicht ohne entsprechendes Fachwissen durchzuführen.

Clicker - Ausbildung mit positiver Verstärkung

Diese Trainingsmethode funktioniert nach dem Prinzip der positiven Verstärkung. Das Clickern arbeitet mit Lob und Leckerlis. Die wichtigste Grundregel lautet: nach jedem Klick wird das Pferd belohnt. Bei dieser faszinierenden Art des Trainings besteht die Möglichkeit, das gewünschte Verhalten gezielt und exakt auf den Punkt zu belohnen. Ein Lob mit der Stimme kommt oft zu spät und es kann missverständlich sein. Durch Lautstärke und Ton kann das Lob durch die Stimme so stark variieren, dass es für das Tier unterschiedlich wahrgenommen wird. Mit dem Clicker ist das eher nicht der Fall.

Vorteile des Clicker-Trainings

- Die positive Verstärkung wird genau im richtigen Moment angewandt. Bevor das Leckerli zum Einsatz kommt, hat die Belohnung durch den Clicker im Gehirn bereits stattgefunden.
- Besonders hilfreich ist die Arbeit mit dem Clicker, wenn die Distanz zum Pferd größer ist, da die Handlung sofort mit dem Klickgeräusch befriedigt wird.
- Das Clickern findet auf der Motivationsebene statt. Das heißt, das Pferd möchte das Clickern hören, um im Anschluss belohnt zu werden. Deshalb sind Pferde bei dieser Trainingsart besonders aufmerksam und folgsam.
- Bei Übungsaufgaben, die es nicht erlauben mit einem Leckerli zu belohnen (weil sich zum Beispiel etwas im Mund befindet), ist das Clickern die Belohnung für das Pferdehirn.

Die drei Clicker Grundregeln

1. **Positive Verstärkung statt Strafe:** Erwünschtes Verhalten wird mit einem Klick und einem Leckerli belohnt. Nicht gewünschtes Verhalten wird ignoriert.
2. **Richtiges Timing:** Es wird ausschließlich in den Sekunden, in denen das Pferd etwas richtig macht, geklickert und ein Leckerli gegeben.
3. **Schritt-für-Schritt:** Die Vorgehensweise erfolgt in kleinen Schritten. Erst wenn das Pferd die Übung sicher verstanden hat, folgt die nächste Übungseinheit.

Der Sinn des Clicker-Trainings ist es, ohne Druck und alleine mit der positiven Verstärkung zu arbeiten.

Ausrüstung Pferd:	Ausrüstung des Bodenführers:
• Halter/Kappzaum • Führstrick	• Clicker • Target Stick • Leckerli, Karotten etc. • Ggf. Bauchtasche

Übungen zum Clicker-Training

Hat das Pferd noch nie einen Clicker gesehen, ist es wichtig, ihm zunächst verständlich zu machen, wie dieser funktioniert. Mögliche Vorgehensweise:

1. In ruhiger Umgebung wird neben dem Pferd mehrfach geklickert. Nach jedem Klick erhält das Tier ein Leckerli. Diese Übung wiederholt man so lange, bis man das Gefühl hat, das Pferd verbindet den Clicker mit einem Leckerbissen und somit mit einem guten Gefühl.
2. Hat das Pferd verstanden, dass der Clicker etwas Positives auslöst, kann zum nächsten Schritt übergegangen werden. Das Pferd muss lernen, den Bodenführer trotz Leckerli und Clicker nicht zu bedrängen. Wenn das Tier anfängt mit dem Pferdemaul an der Hand des Leckerlis zu spielen, wird dieses Verhalten ignoriert. Sobald es sich zurückzieht, wird geclickt und ein Leckerli verabreicht.
3. Begonnen wird damit, die Hand oder den Stick auf den Boden zu halten. Zeigt das Pferd ein ähnliches Verhalten (wie zum Beispiel: es senkt den Kopf), wird geklickert und unmittelbar eine Belohnung gegeben. Dies hat den Nutzen, dass das Pferd versteht, dass eine Handlung positiv ist und belohnt wird.

Das Clickern ist nicht auf eine Trainingsart begrenzt. Es kann sowohl in der Zirzensik als auch beim Spielen mit dem Pferd eingesetzt werden. Immer, wenn es um Lernen durch Belohnen geht, ist Clickern sinnvoll einzusetzen.

FAZIT

Beim Clicker-Training wird mit der positiven Verstärkung gearbeitet. Auf ein Click folgt ein Leckerli. Hat das Pferd einmal verstanden, um was es geht, kann man den Clicker vielseitig einsetzen, um mit dem Pferd zu arbeiten.

Dual-Aktivierung am Boden

Die Dual-Aktivierung ist noch eine relativ neue Trainingsmethode, die aber auf altbekannte Fundamente aufbaut. Michael Geitner ist der Gründer dieser Übungsform. Von ihm stammt das Konzept BeStrict - der konsequente Umgang mit dem Pferd. Seine Idee gründet darauf, mit Fahnen und Gassen zu arbeiten und die Reizverarbeitung zu fördern. Das Motto lautet: Pferdetraining muss einfach und effektiv sein.

Das Ziel der Dual-Aktivierung ist, durch Biegen, Geraderichten und Konzentration, die Bewegungskoordination und die Balance zu verbessern. Ebenso ist es eine geeignete Trainingsmethode, um aktiv die Hinterhand zu trainieren und die Mitarbeit dieser deutlich zu verbessern. Ein gesteigertes Körperbewusstsein beim Pferd sorgt dafür, dass es in Gefahrensituationen oder bei Stress entspannter reagiert.

Die Grundlage der Dual-Aktivierung basiert auf der Arbeit mit den zwei Farben: blau und gelb. Der Grund hierfür ist, dass

Pferde nur sehr eingeschränkt Farben erkennen. Pferde sind Dichromaten. Sie sehen die Welt wie jemand, der eine Rot-Grün Schwäche aufweist. Ansonsten sehen sie Grautöne. Gelb ist eine Signalfarbe und stellt Gift und Gefahr dar. Blau kommt in der natürlichen Welt nur sehr selten vor, ist also außergewöhnlich und zieht die Aufmerksamkeit des Pferdes auf sich.

Da Pferde die Augen auf der Seite haben, können sie nur monokular sehen. Das bedeutet, Pferde sehen nicht so wie wir Menschen ein Gesamtbild. Sie verarbeiten immer nur einen Blickwinkel, was die Zusammenarbeit der beiden Hirnhälften massiv erschwert. Das linke Auge ist bei den meisten Pferden das Sicherheitsauge und zuständig für das Erkennen von Gefahren. Der Fluchtreflex findet über das rechte Auge statt.

Ausschlaggebend für die Dual-Aktivierung ist die Verbindung der beiden Hirnhälften zu trainieren und zu verbessern. Dafür macht man sich die für Pferde sichtbaren Farben zunutze. Der ständige Rechts-Links-Wechsel in der Bodenarbeit regt die Verarbeitung der Synapsen an und bildet bei ständiger Wiederholung neue Verbindungen. Dies führt dazu, dass das Tier die abverlangte Aufgabe sehr viel zügiger umsetzen kann. Die Hirnaktivität wird somit signifikant gesteigert.

In jeder denkbaren Trainingsart kann die Dual-Aktivierung also von großem Vorteil sein und ausgezeichnete Vorarbeit leisten.

Ausrüstung Pferd:	Ausrüstung des Bodenführers:
• Halfer/Kappzaum • Longe • Doppellonge • Führstrick • Ggf. Knotenhalfter oder Trense	• Handschuhe • gelbe Fahne • gelbe und blaue Pylonen • gelbe und blaue Schaumstoffbalken • Gerte • Handschuhe

Dual-Aktivierung - die richtige Anwendung

Die Dual-Aktivierung sieht vor, alle Muskeltypen des Pferdes zu trainieren, d.h. die Oberflächenmuskulatur, die Tiefenmuskulatur, die stabilisierende Muskulatur und natürlich die „Denkmuskulatur" - das Gehirn des Pferdes. Mit dieser Trainingsvariante können unter anderem erfolgreich Dysbalancen (die fast jedes Pferd aufweist) auf der jeweiligen Hand, ausgeglichen werden. Hierfür ist die richtige Anwendung besonders wichtig.

Die Arbeit mit der Fahne

Die Arbeit mit der Aktivierungsfahne ist der Einstieg in die Dual-Aktivierung. Sie dient dazu schnellere Rechts-Links-Wechsel herbeizuführen. Das Pferd muss mit den Augen der Fahne folgen und die Verbindungen der Hirnhälften kann somit massiv verbessert werden. Wichtig hierbei ist es, dass das Tier nur mit dem Kopf und dem Hals agiert und in einem ruhigen Tempo vorwärtsgeht. Diese Aufgabe dient einzig der Verbesserung der Koordination und der Gleichmäßigkeit der Reizaufnahme.

Übungsaufgabe:

Das Pferd wird mit Kappzaum oder Halfter, an den Führstrick genommen. Der Bodenführer stellt sich zunächst vor das Tier und hebt die gelbe Fahne an. Vorzugsweise wird von der logischen Seite (links) zur emotionalen Seite (rechts) gearbeitet. Es ist abzuwarten, bis das Pferd die Fahne ins Auge gefasst hat. Nun wird die Fahne langsam im Halbkreis von links nach rechts geschwenkt.

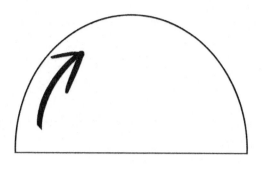

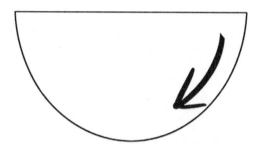

Anschließen wird die Fahne im Halbkreis untenherum von rechts nach links geschwenkt. Die Geschwindigkeit sollte der Auffassung des Pferdes angepasst werden.

Diese Übung wird jeweils zweimal wiederholt.

Arbeitsprozess in der Dual-Aktivierung

Durch einen aufgebauten Parcours auf dem Zirkel, mit den Schaumstoffstangen in Gelb und Blau, wird das Pferd durch die Gasse longiert. Beim Arbeiten an der Hand gibt es ein Zeitsystem, das wie folgt durchgeführt werden sollte:

1. Drei Minuten Arbeitsphase auf einer Hand
2. Es folgt eine Minute Pause

3. Wechsel auf die andere Seite
4. Drei Minuten Arbeitsphase auf der anderen Hand
5. Durchführung von 4 bis 6 Trainingseinheiten

Zeitlicher Ablauf bei Longe-Walking und der longierten Dual-Aktivierung

1. Drei Minuten Arbeitsphase mit jeweils zwei Durchläufen auf einer Hand
2. Handwechsel
3. Drei Minuten Arbeitsphase mit jeweils zwei Durchläufen auf der anderen Hand

Führpositionen in der geführten Dual-Aktivierung

Geradeaus und Volte nach innen: Es wird neben dem Pferd, zwischen Kopf und Schulter gegangen.

Volten von außen geführt: Der Mensch befindet sich direkt vor dem Kopf des Pferdes. Er geht außen und stellt das Pferd nach innen.

Rückwärts: Der Mensch steht seitlich vor dem Pferd.

Seitwärts: Der Mensch steht seitlich zum Pferd gedreht. Er schaut in die Richtung, in der er das Pferd übertreten lassen will.

Führpositionen beim Longe-Walking:

Die Führposition ist seitlich hinter dem Pferd. Man läuft im 45 Grad Winkel versetzt zur Hinterhand. Beim Longe-Walking ist besonders zu beachten, dass der Mensch den Sicherheitsabstand einhält.

<u>Weitere wichtige Positionierung am Pferd:</u>

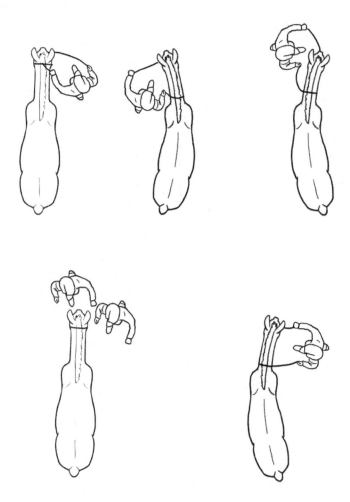

Übungsaufgaben in der führenden Dual-Aktivierung

1. <u>Die halbe Volte:</u> Es wird eine Gasse aus den Farben Blau und Gelb aufgebaut. Das Pferd wird durch die Gasse und gleich darauf in eine Volte geführt, um die Gasse erneut zu durchlaufen. Im Anschluss wird der Handwechsel vollzogen und das Ganze von der anderen Hand durchgeführt.

Diese Übung fördert insbesondere die Balance, das Geraderichten, das Führen an sich und die Kontrolle der Schulter.

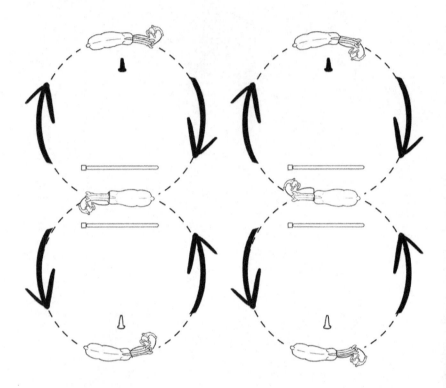

2. <u>Die Achter-Schlaufen:</u> An der kurzen Seite wird das Pferd in Richtung erste Ecke bis zur Mitte geführt. Im zweiten Schritt wird zur Bahnmitte abgebogen in Richtung der gegenüberliegenden Ecke. Nun erfolgt ein Handwechsel und es geht in gleicher Form zum Ausgangspunkt zurück. Diese Übung wird mehrfach durchgeführt - einmal führt Longenführer von rechts, dann von links.

Diese Übung fördert insbesondere die Balance, das Geraderichten, das Führen an sich und die Kontrolle der Schulter.

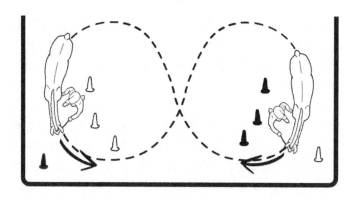

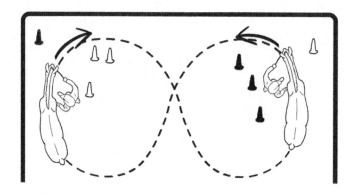

3. <u>Begonnen wird beim Kleeblatt</u> in der Mitte. Am Ende der Gasse wird durch eine Rechtsvolte in den Eingang der nächsten Gasse abgebogen. Das Pferd wird von der linken Seite geführt. Im Anschluss wird die Übung auf der anderen Hand wiederholt. Hierbei wird das Pferd von der rechten Seite geführt und links in die Gasse gebogen.

Diese Übung fördert die Stellung, Biegung, Konzentration und Position.

4. <u>Eine einfache Quadratvolte:</u> Das Pferd wird gestellt und gebogen durch die Quadratvolte geführt. Der innere Zügel gibt die Richtung vor und der äußere Zügel biegt die Vorhand.

Diese Übung fördert den Muskelaufbau, die Dehnung der Muskulatur, die Losgelassenheit und die Balance. Außerdem beugt es Verspannungen vor oder löst diese.

Abgesehen von der einfachen Quadratvolten-Variante gibt es viele weitere Möglichkeiten. Diese können in einen Parcours eingebaut und mit dem Pferd langsam erarbeitet werden. Die folgenden Bilder sind Beispiele, die jeder kreativ verändern und ergänzen kann.

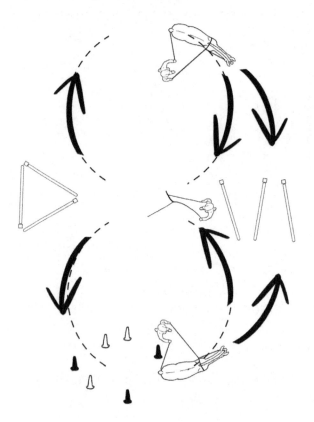

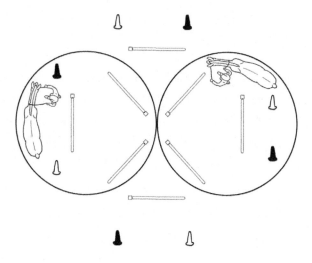

<u>Rückwärtsrichten:</u> Das Pferd wird in die Gasse geführt und am Ende der Gasse zum Halten gebracht. Von dort werden vier Schritte rückwärtsgerichtet. Nachdem das Pferd nach dem Rückwärtsrichten stillsteht, darf es wieder antreten.

Diese Übung fördert die Hinterhand und die Koordination.

Longe Walking

Das Pferd wird mit der Doppellonge durch die Dualgassen „gearbeitet". Speziell für das einfachere Handling gibt es im Pferdefachhandel kurze Doppellongen zu erwerben. Der große Vorteil des Longe Walking besteht darin, dass der Handwechsel optimal und schnell durchgeführt werden kann. Das Prinzip der Dual-Aktivierung findet bei dieser Übung effektive Anwendung. Übungen wie die Quadratvolte, die Achterschlaufe oder die halbe Volte- Gerade sind durch Longe Walking Übungen gut durchzuführen.

Folgende Übungen eignen sich besonders gut für die Arbeit an der Doppellonge:

1. <u>Die Dreieck-Acht:</u> Das Pferd wird in einer Acht über das Dreieck longiert. Nach dem Überschreiten wird eine Kehrvolte links durchgeführt und erneut über das Dreieck longiert. Nun erfolgt die Kehrvolte nach rechts. Diese Übung sollte insgesamt vier Achter-Schlaufen ergeben.

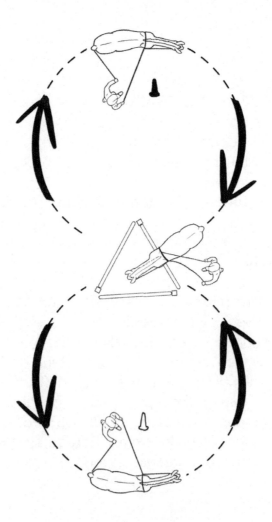

2. <u>Die Treppe:</u> Das Pferd wird über die Gassen longiert. Die Longe gibt hierbei stark nach. Nun wird an der Gasse vorbei longiert. Jetzt erfolgt der Wechsel auf die andere Seite. Nach dem Handwechsel wird dieselbe Übung auf der anderen Hand durchgeführt.

Diese Übung dient der Balance, Koordination und Aufmerksamkeit.

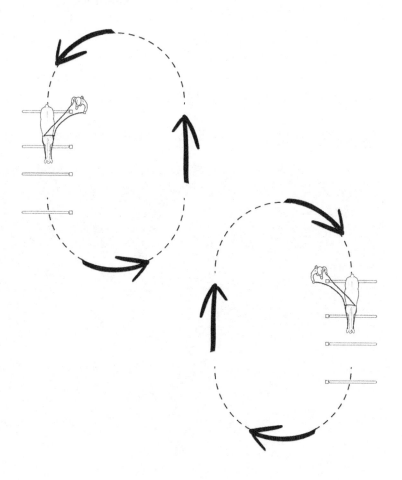

Fast alle Übungen der geführten Dual-Aktivierung und des Longe-Walkings können auch als Longierte **Dual-Aktivierung genutzt werden.**

FAZIT

Das Pferd als Dichromat kann nur zwei Farben erkennen, die eine ausschlaggebende Bedeutung haben: Gelb und Blau. Des Weiteren ist die Zusammenarbeit der beiden Gehirnhälften nicht besonders gut ausgeprägt. In Verbindung mit den Farben in verschiedenen Trainingsaufgaben lassen sich die Verbindungen der beiden Seiten mit großer Wirkung verbessern.

Die Langzügelarbeit - Gymnastik am langen Zügel

Die Arbeit am langen Zügel ist eine hervorragende Möglichkeit, um sein Pferd vom Boden aus zu gymnastizieren und stellt beste Voraussetzungen dar, um in die hohe Kunst der

Dressur einzusteigen. Die Langzügelarbeit kann eine gute Vorbereitung auf das Fahrtraining sein, da es die Zügelhilfen und die Arbeit hinter ihm bereits erlernt.

Die Langzügelarbeit umfasst alle Dressuraufgaben am Boden, die auch in der hohen Dressur gelehrt werden. Beispiele: Traversalen, Pirouetten, Piaffe, Passage und Galoppwechsel. Es ist möglich, vorausgesetzt der Longenführer versteht sein Handwerk, ein Pferd bis auf Grand-Prix Niveau zu trainieren - ohne selbst sattelfest zu sein. Die Voraussetzung hierfür ist ein gewilltes Pferd, umfangreiches Fachwissen, Vertrauen zwischen Pferd und Mensch sowie eine gute Auffassungsgabe beider Seiten.

Für die Langzügelarbeit bedarf es einer soliden Vorausbildung. Das Longieren an der Doppellonge bzw. am Langzügel sollte dem Pferd nicht gänzlich fremd sein. Auch in der Langzügelarbeit empfiehlt es sich, einen Kurs bei einem renommierten Trainer zu absolvieren. Ohne die Kenntnisse eines Fachmanns ist in der Langzügelarbeit schnell mehr „kaputt" gemacht, als man Trainingserfolge verzeichnen kann.

Warum überhaupt Langzügelarbeit?

Die Arbeit am langen Zügel kann eine ideale Ergänzung zum Reiten sein. Alle Probleme, die unter dem Sattel auftreten, werden am langen Zügel meist noch viel stärker sichtbar. Was unter dem Sattel nicht funktioniert, ist von oben, auf dem Pferd sitzend, oftmals nicht zu klären. Seite an Seite und auf derselben Höhe des Tieres sind Fehler deutlicher zu erkennen. Ein Beispiel: Die Bewegung der Beine und die genaue Analyse jener sind während der Trainingseinheit am Langzügel sehr gut machbar. Vom Sattel aus ist dies nicht so leicht möglich, da der Blick nach unten nicht gegeben ist.

Des Weiteren bedeutet die Langzügelarbeit Abwechslung für Pferd und Reiter. Sie bietet einiges an Mehrwert, wie zum Beispiel den Muskelaufbau, die Gymnastizierung, Gleichgewichtsschulung, Losgelassenheit und die Möglichkeit, schwierige Dressuraufgaben vom Boden zu üben. Pferde, die nicht geritten werden können, oder Reiter, die aus diversen Gründen nicht mehr Reiten dürfen oder können, haben mit diesen Trainingsmethoden die Möglichkeit, anspruchsvoll mit dem Pferden zu arbeiten.

Ausrüstung Pferd:	Ausrüstung des Bodenführers:
• Kappzaum • Ggf. Trense • Langzügel (2x Pferdelänge + 1,50 m)	• Handschuhe • Gerte

Voraussetzungen für die Langzügelarbeit

- **Der richtige Zeitpunkt:** Das Pferd sollte in der Reitausbildung idealerweise bis L Niveau ausgebildet sein. Dieser Punkt ist deshalb so wichtig, da das Pferd sich bereits sehr gut versammeln lassen sollte. Die Langzügelarbeit findet überwiegend im Trab und Galopp statt. Ein Tier, das sich nicht versammeln lässt, wird dem Bodenführer vermutlich Schwierigkeiten bereiten – allein im Versuch bei der Geschwindigkeit mitzuhalten.
- **Voraussetzungen beim Pferd:** Ein ehrliches und freundliches Wesen ist in der Langzügelarbeit eine Grundvoraussetzung. Dies ist deshalb so wichtig, weil man direkt hinter bzw. neben dem Pferd arbeitet. Mit einem Pferd, das austritt oder buckelt, wäre die Art von Dressur gefährlich. Wichtig zu wissen und vor allem zu berücksichtigen ist, dass jedes Pferd seine Grenzen hat und auch das gutmütigste Tier beim Überschreiten

bestimmter Toleranzen ausschlägt. Es ist also nur eine Frage der Zeit, bis ein Fehler passiert und auch ein braves Pferd bei der Langzügelarbeit einmal die Nerven verliert. Aus diesem Grund ist es empfehlenswert, nur mit unbeschlagenen Tieren zu arbeiten.

- **Eine gute Beziehung:** Mit einem Pferd am langen Zügel zu arbeiten, setzt voraus, dass wir das Tier gut kennen. Bodenarbeit mit einem Pferd, welches man nicht kennt, auszuführen, ist nicht ratsam. Das Vertrauen zwischen Bodenführer und Pferd ist Grundvoraussetzung.

- **Das Dressurviereck:** Die Standardgrößen eines Vierecks von 20 x 40 oder 20 x 60 Metern sind ideal. Der Boden soll so beschaffen sein, dass das Pferd nicht zu stark einsinken kann. Eine Bande, die dem Pferd Anlehnung bietet, ist sinnvoll.

- **Das richtige Aufwärmen:** Bevor mit dem Pferd am langen Zügel gearbeitet wird, ist es zur Aufwärmung am besten, es im Schritt und mit vielen Möglichkeiten der Biegung zu bewegen. Der Aufmerksame Bodenführer wird zudem immer berücksichtigen, dass das Pferd in der Aufwärmphase nicht „überarbeitet" wird und somit die Energie für die eigentliche Arbeit am langen Zügel vorzeitig verbraucht. Andererseits sollte das Tier aber auch nicht vor überschüssiger Energie strotzen. Nachdem mit dem Pferd mehrfach gearbeitet wurde, sollte es möglich sein zu beurteilen, wann sich das Pferd im richtigen Temperamentsbereich befindet, um die Arbeit zu beginnen.

Bei Pferden, die sich stark einrollen oder hinter dem Zügel laufen, ist die Langzügelarbeit nicht empfehlenswert. Diese Probleme am langen Zügel zu beheben ist schwieriger, als sie vom Sattel aus zu korrigieren.

Die richtige Haltung des Langzügels

Schritt und Trab werden auf einfachem Hufschlag praktiziert. Bei Schulterherein befindet sich der Bodenführer seitlich hinter dem inneren Hinterfuß. Im Galopp, Travers, Renvers und in der Traversale geht er neben dem äußeren Hinterbein. In der Piaffe und der Passage hält er sich mittig hinter dem Pferd auf. Diese Art der Haltung entspricht der spanischen Reitschule. In anderen Reitschulen ist es auch üblich, in der Mitte hinter dem Pferd zu bleiben und nur sehr wenig seitlich abzuweichen.

Wichtig ist es, die richtige Haltung vom Pferd abhängig zu machen. Je nachdem, wie man besser auf das Tier einwirken kann, wird der Bodenführer seine Haltung aufbauen. Möchte man einen größeren Abstand zum Pferd, ist es von Vorteil, hinter dem Pferd zu laufen und den Abstand entsprechend einzurichten.

Die Hilfen bei der Langzügelarbeit

1. **Stimme:** Die Stimme kann einen treibenden und fordernden Effekt haben, aber auch eine beruhigende, verlangsamende Wirkung erwirken. Wenn man dem Pferd vor der Langzügelarbeit Stimmkommandos beigebracht hat, kann man diese natürlich in die Übungen am langen Zügel mit einbauen. Sobald das Pferd die Langzügelarbeit gut umsetzen kann, ist es möglich, die Stimmkommandos wegzulassen und nur mit den Zügelhilfen zu arbeiten.
2. **Gerte:** Die Gerte hat eine voran- und seitwärtstreibende Funktion. Sie wird beim Vorangehen, wie beim Reiten, nach unten gehalten. Dies ist die Grundhaltung. Die Gerte kann aber auch, je nach gewollter Funktion, horizontal oder mit der Spitze nach oben gehalten werden.

Es ist abhängig davon, welche Haltung das Pferd am besten versteht.

3. **Die Zügelhilfe:** Die Zügel übernehmen bei der Langzügelarbeit dieselbe Aufgabe wie beim Reiten. Auch die Zügelhaltung ist die Gleiche. Der Zügel läuft zwischen dem kleinen Finger und dem Ringfinger und zwischen dem Daumen und dem Zeigefinger. Es ist wichtig, das Pferd mit den Zügeln „einrahmen" zu können. Dies geschieht normalerweise mit den Schenkeln und den Knien des Reiters. In der Langzügelarbeit muss diese Funktion vom Zügel übernommen werden. Die richtige Haltung, um ein Pferd einzurahmen, sollte man sich von einem Fachmann beibringen lassen.

Der Anfang

Bei der Langzügelarbeit lohnt es sich am Ball zu bleiben. Anfangs gestaltet es sich nicht einfach und Trainingserfolge lassen auf sich warten. Dennoch ist es wunderbar zu sehen, wie sich die gemeinsame Arbeit entwickelt. Nachfolgend werden Übungsaufgaben aufgezeigt. Diese sind dafür angedacht, bereits geschulte Bodenführer zu unterstützen. Trainingsstunden mit einem Experten sind zu empfehlen, da die Langzügelarbeit sehr viel Fachkompetenz voraussetzt und man nicht einfach „loslegen" kann.

Übungsaufgaben an der Hand

Bevor mit der Langzügelarbeit begonnen wird, ist es wichtig das Pferd aufzuwärmen und den Kontakt bzw. die Verbindung herzustellen. Dies geschieht am besten bei einigen Führrunden auf dem Platz oder in der Halle. Die Aufmerksamkeit des Tieres wird auf den Menschen geleitet und auch der

Bodenführer sorgt für guten Kontakt seinerseits. Ein kurzes Kommando zum Halt und ein darauffolgendes zum Weiterlaufen, lässt die Konzentration des Pferdes steigen und fördert den Verbindungsaufbau. Außerdem wird das Tier darauf vorbereitet, dass jetzt die Arbeit beginnt. Durch die Bewegung wärmen sich die Muskeln auf und es bildet sich die Gelenkschmiere, was Verletzungen vorbeugt.

Die folgenden Übungen werden zunächst mit einem Assistenten durchgeführt, bevor sie alleine am Langzügel erarbeitet werden. Zudem ist es wichtig, alle Aufgaben an der Bande auszuführen, damit das Tier einen Anlehnungspunkt hat.

- **Grundübungen:**
  1. **Die Haltung:** Der Bodenführer befindet sich innen auf dem zweiten Hufschlag versetzt hinter dem Pferd. Eine weitere Möglichkeit wäre es, direkt hinter dem Pferd zu laufen, wobei hier allerdings die Gefahr besteht, dem Pferd in die Hinterbeuge hineinzutreten. Deshalb ist die seitliche Positionierung vorzuziehen. Die Hände befinden sich zunächst rechts und links an der Kruppe. Von dort aus ist es möglich mit den Händen eine Art Schenkelhilfe zu erteilen.
  2. **Antreten:** Das Signal zum Losgehen wird in erster Linie mit der Stimme gegeben. Wird es vom Pferd nicht umgesetzt, wird es wiederholt. Sollte das Pferd trotzdem nicht losgehen, ist ein leichtes touchieren mit der Gerte angebracht.
  3. **Ganze Bahn:** Aus dieser Grundstellung heraus wird die ganze Bahn als Einstiegsübung genutzt. In den Ecken kann das Pferd durch Paraden und Anlehnung (wie beim Reiten) gebogen werden. Solange sich die Hände rechts und links am Pferd befinden, ist ein Geradeausgehen anzustreben.

4. **Geradeaus biegen:** Mit impulsartigen Paraden und einer Anlehnung des äußeren Zügels, kann man das Pferd an der langen Seite des Platzes oder der Halle biegen. Wichtig ist, die Schritte in der Biegung nicht übermäßig lange durchzuführen. Nach 5-7 Schritten sollte das Pferd die Möglichkeit haben wieder ohne Biegung geradeaus zu laufen.

5. **Abwenden:** Um dem Pferd zu signalisieren, dass es abwenden soll, tritt der Bodenführer auf die andere Seite des Tieres und gibt innen die Parade, dass das Tier nach innen abbiegen soll. Nach kurzer Zeit wird dem Pferd bekannt sein, dass ein Übertreten zur anderen Seite ein Abwenden darstellt und es womöglich bereits alleine oder unter minimaler Zügelhilfe durchführbar ist. **Bei jeder Abwendung tritt der Bodenführer auf die äußere Seite des Pferdes und wechselt dann wieder zurück auf die innere Seite.**

6. **Verkürzen und verlängern der Tritte im Schritt:** Durch die Kombination von Paraden (annehmen und nachgeben) und der Stimmhilfe wird das Pferd dazu aufgefordert die Schritte zu verlängern. Durch das vermehrte Annehmen und das dennoch gleichmäßige Treiben, wird das Pferd dazu angehalten, die Tritte zu verkürzen.

Weiterführende Übungen

1. <u>Wie verlängere ich die Trittlänge im Trab?</u> Es wird zunächst veranlasst, dass sich das Pferd in der Gangart Trab fortbewegt. Der Bodenführer sollte sich selbst im Schritt bewegen. Am Anfang, wenn das Tier noch nicht versammelt läuft, ist diese Aufgabe oftmals eine Herausforderung, da man als Bodenführer „mithalten"

muss. Mit Paraden (wie beim Reiten) wird dem Pferd ein vorwärts-abwärts gehen vermittelt. Durch die Vibration oder durch das leichte Touchieren der Gerte, wird Druck auf die Hinterhand aufgebaut. Durch gezieltes Nachgeben am Zügel, werden die Tritte nun verlängert. Der Bodenführer muss gleichzeitig schneller gehen. Diese Bewegung sollte das Pferd nach geraumer Übungszeit umsetzen können. Geht der Bodenführer wieder langsamer und versammelt das Tier, sollte es auch seine Tritte verkürzen. In dem gesamten Vorgang sollte der Bodenführer stets versuchen (soweit es möglich ist) das Schritttempo gleichmäßig zu halten, um die Verbindung zum Pferdemaul bestmöglich konstant beizubehalten. Dies ist wichtig, um dem Pferd die richtigen Paraden zu vermitteln und es nicht durch ein Rucken und Stolpern zu verunsichern oder in die Irre zu führen.

2. Positionsänderung des Bodenführers durch Variieren der Trittlänge: In dieser aufbauenden Aufgabe geht es darum, dass das Pferd die Tritte verlängert und verkürzt, ohne dass der Bodenführer sein Tempo verändert. Das heißt, dass das Pferd zur Pferdehüfte am Bodenführer vorbeiläuft. Jetzt sind die Tritte des Pferdes zu verkürzen, sodass der Bodenführer seine Ausgangsposition zurückerhält.

3. Auf dem Zirkel: Im nächsten Schritt wird das Laufen auf dem Zirkel geübt. Ebenfalls wieder in Schritt und Trab. Auch bei dieser Aufgabe ist es am Anfang hilfreich mit einem Assistenten zu arbeiten, auch wenn man diesen bereits an der geraden Bande weggelassen hat. Ist ein Pferd noch ungeübt in der Langzügelarbeit, kann das Zirkelgehen (vor allem im Trab oder Galopp) eine große Herausforderung bedeuten, wenn plötzlich nicht mehr die Sicherheit einer Außenbande gegeben ist. Bei der Zirkelübung ist bedeutend, die Aufgabe korrekt und

konstant auszuführen. Die Paradengebung und das stetige Treiben, bzw. der Druck auf die Hinterhand, sollte ein gleichmäßiges Vorwärtsgehen gewährleisten. Denn hier kann erfahrungsgemäß schnell das Problem entstehen, dass das Pferd in den Zirkel abwendet, nicht mehr weiterweiß und unsicher reagiert.

Alle Übungen in dem Bereich hinter dem Pferd, sind mit der notwendigen Vorsicht durchzuführen. Fast jedes Pferd schlägt irgendwann, wenn der Druck zu hoch ist, aus. Darauf sollte man als Bodenführer stets gefasst sein.

FAZIT

Die Langzügelarbeit eignet sich optimal als Ergänzung zum Reiten, da man Fehler, die unter dem Sattel womöglich nicht sichtbar sind auf Augenhöhe erörtern kann. Außerdem ist es eine hervorragende Möglichkeit, um das Tier zu biegen und Trainingsaufgaben der Dressur vom Boden aus umzusetzen. Das Pferd sollte sich bereits vor der Langzügelarbeit auf einem soliden reiterlichen Stand befinden und sich versammeln lassen. Bestenfalls ist das Tier bereits bis L Niveau ausgebildet. Kann sich ein Pferd noch nicht versammeln, könnte es unter Umständen für den Bodenführer Schwierigkeiten geben, in den schnelleren Gangarten mitzuhalten. **Ein weiterer äußerst wichtiger Punkt ist, mit einem gut gesonnenen Tier zu arbeiten. Die Langzügelarbeit mit einem Pferd auszuüben, das zum Ausschlagen neigt, ist in keiner Weise empfehlenswert. Da aber jedes Pferd seine Grenzen hat, sollte man immer im Hinterkopf behalten, dass auch das freundlichste Pferd einmal ausschlagen wird.**

Freiheitsdressur / Freiarbeit

Die Freiheitsdressur hat nichts mit der klassischen Dressur zu tun. Ganz frei von Zügel, Halfter und Führstrick wird das Pferd vom Boden aus einzig mit der Stimme, der Peitsche und durch Handzeichen geleitet. Hilfszügel werden lediglich am Anfang für die Einführung gebraucht. In der Freiheitsdressur werden die Hilfen nur mit leisen Tönen und feinen Signalen gegeben. Auch die Körpersprache spielt hierbei eine ausschlaggebende Rolle.

Hinter dem Erlernen der Freiheitsdressur steckt oft das Bedürfnis, etwas Einzigartiges mit „seinem Pferd" zu erleben. Am Anfang ist der Wunsch nach Erfolgserlebnissen groß und die Erwartungen sind hoch. Spaß an der gemeinsamen Arbeit soll bei der Freiheitsdressur aber in jedem Fall im Vordergrund stehen.

Ausrüstung Pferd:	Ausrüstung des Bodenführers:
• Anfangs ggf. ein Kappzaum	• Stimme • Gerte • Leckerli zur Belohnung

Voraussetzungen für die Freiheitsdressur:

- Ein ruhiger, aber entschlossener Bodenführer, der seine eigenen Grenzen kennt, ist die Grundvoraussetzung. Er muss wissen, dass ein „Nicht-Gehorchen" des Pferdes oft mehr mit Kommunikationsschwierigkeiten zwischen Tier und Mensch zu tun hat, als mit dem „Nicht-Wollen" des Pferdes. Solides Grundwissen über Pferde und Erfahrung im Umgang mit ihnen ist Voraussetzung für Erfolg in der Freiheitsdressur.

- Die Voraussetzungen des Pferdes werden in Rasse, Größe, Alter und Charakter unterteilt:

Rasse	Größe	Alter	Charakter
Einige Rassen eignen sich aufgrund ihrer Merkmale besonders gut für die Freiheitsdressur. Grundsätzlich gilt aber, dass man mit jedem gewillten Pferd die Freiheitsdressur umsetzen kann.	Das Größenverhältnis wirkt sich auf die Interaktion zwischen Menschen und Tier maßgeblich aus. Einer kleinen Person, die noch wenig Erfahrung in der Freiheitsdressur besitzt, fällt es schwer mit einem großen Pferd zu arbeiten. Dies spielt bei einer erfahrenen Person später keine Rolle mehr, da sie weiß, wie sie die Übungen so umsetzt, dass es funktioniert.	Das Alter des Pferdes ist nicht unbedingt ausschlaggebend. Allerdings sollte das Tier in einem arbeitsfähigen Zustand sein und sich nicht mit altersbedingten „Wehwehchen" herumschlagen müssen, die ihm die Arbeit eventuell zur Qual machen. Junge Pferde sind meist etwas neugieriger und lernwilliger. Es ist aber durchaus möglich mit einem neugierigen älteren Pferd in der Freiheitsdressur zu arbeiten und zu lernen.	Beim Charakter kommt es ganz auf die psychische Verfassung des Tieres an. Ist es ängstlich oder mutig? Hat es mit Menschen gute oder weniger gute Erfahrungen gemacht. Ist es ein ranghohes oder ein rangniedriges Pferd? Dies sind Charaktermerkmale, die man zuvor durch Beobachtung in Erfahrung bringen sollte, um die Akzeptanz des Pferdes einzuschätzen.

- <u>Gesundheit:</u>

Die Entscheidung für die Freiheitsdressur rührt oft auch daher, weil sich das Pferd gesundheitlich nicht mehr mit einem Reiter auf dem Rücken bewegen kann. Trotzdem soll es angemessen gefördert und gefordert werden. Die Verfassung des Pferdes hat bei der Trainingsarbeit im Vordergrund zu stehen. Es ist gewissenhaft abzuschätzen, welche Übungen der Freiheitsdressur machbar sind. Das Allgemeinbefinden des Pferdes sollte so gut sein, dass die Arbeit keine unnötigen Schmerzen verursacht.

- Die Dehnung vor der Arbeit:

In der Freiheitsdressur wird das Pferd vor der eigentlichen Arbeit gedehnt. Dies führt zur besseren Durchblutung und zu einem warmen Rücken. Gut gedehnt bewegt sich das Pferd leichter und die Konzentration bleibt stabiler. Wie verleiten wir das Pferd zum Strecken und Dehnen? Eine Möglichkeit ist es, sich dem Pferd seitlich gegenüberzustellen und das Halfter locker zu halten. Mit einem Leckerli führt man den Pferdekopf nun Richtung Flanke. Anschließend bringt man das Pferd wieder in eine gerade Haltung. Die Übung wird auf der anderen Seite in gleicher Form durchgeführt. Mehrere Wiederholungen sind sinnvoll.

- Gewöhnung an die Hilfen:

Die Gerte ist das wichtigste Instrument. Das Pferd sollte daran gewöhnt sein und keine Angst davor haben. Um es mit der Gerte vertraut zu machen, kann das Tier damit immer wieder gestreichelt werden. Es ist zu vermitteln, dass der Umgang mit der Gerte keine Rüge bedeutet, die schmerzhaft ist. Das Pferd soll vielmehr verstehen, dass die Gerte die verlängerte Hand ist, vor der Respekt aber keine Scheu bestehen darf. Diese Hand streichelt, füttert und gibt Anweisungen.

Trainingsaufbau

Als Voraussetzung sollte das Pferd eine solide Grundausbildung auf dem Boden mitbringen. Es wäre vorteilhaft, wenn die Kommunikation zwischen Mensch und Pferd bereits auf einer gefestigten Basis stattfindet.

Folgende Punkte gehören zu den Arbeitsgrundlagen:

1. Das Pferd ist von beiden Seiten in Schritt und Trab locker zu führen.
2. Das Pferd lässt sich durch die Körpersprache des Bodenführers jederzeit, ohne dass Druck auf das Führseil ausgeübt wird, anhalten.
3. Das Pferd lässt sich mühelos rückwärtsrichten.
4. Durch artgerechte Haltung, die viel Auslauf bietet, wird dem Bewegungsdrang des Tieres eine wesentliche Grundvoraussetzung für gutes Training geboten. Ein Losstürmen resultiert meist aus Bewegungsmangel und kann sich zu einer gefährlichen Situation entwickeln.

Wie bei den meisten Formen der Bodenarbeit beginnt das Training der Freiheitsdressur im Schritt und auf gerader, langer Linie. Es findet am Führseil statt, welches locker durchhängt. Im Training wird es immer wieder zu Situationen kommen, in denen das Führseil gelegentlich eingesetzt werden muss.

Beispiel eines Trainingsablaufs:

- Am Anfang einer Trainingseinheit wird das Pferd aufgewärmt. 10 Minuten gehen im Schritt reicht hierfür aus. Die Zeit kann gut dafür genutzt werden, um das Pferd zu beobachten und um festzustellen, wo seine Aufmerksamkeit liegt. Ist es angespannt oder entspannt? Ist die Aufmerksamkeit bereits beim Bodenführer oder ist es abgelenkt? Wie ist die Ohrenstellung? Ist es gehfreudig und motiviert oder müde?

- Wichtig ist, Schritt für Schritt und kreativ zu trainieren, um nicht vorschnell Trainingseinheiten zu beenden. Erfolgreich üben heißt geduldig und mit Ausdauer arbeiten – solange das Pferd willig und gut konzentriert mitmacht.
- Sind gute Voraussetzungen gegeben, wird mit dem eigentlichen Training begonnen. Eine Trainingsphase soll nie länger als zwei Runden dauern. Danach ist eine Pause einzulegen.
- Eine Trainingseinheit ist in der Regel auf 30 Minuten angelegt.

Losgelassenheit

Was bedeutet Losgelassenheit in der Freiheitsdressur? Losgelassenheit stellt die physische und psychische Entspannung des Tieres dar und ist Ziel jeglichen Trainings. Es ist darauf zu achten, dass der Gesichtsausdruck gelassen ist, der Schweif gleichmäßig pendelt und die Bewegungen fließend ineinander übergehen. Bei Trainingseinheiten, in denen zwischen dem Pferd und dem Bodenführer hauptsächlich mentale Kommunikation stattfindet, ist die Losgelassenheit entscheidend für den Erfolg. Das Pferd muss Vertrauen haben und locker sein, um dem Menschen zu folgen. Des Weiteren ist die Losgelassenheit der Muskulatur ausschlaggebend. Das Tier muss in der Lage sein, die Übungen korrekt zu erlernen. Hemmnisse, wie Anspannung und Verspannung, oder gar Misstrauen, erschweren die Arbeit mit einem freilaufenden Pferd immens.

Grundübungen

1. **Folgen lassen:** Diese Übungsaufgabe ist die erste wichtige Grundlage in der Freiheitsdressur. In der freien

Natur folgt das Pferd immer dem Herdenführer, der Ruhe und Sicherheit ausstrahlt. Der Bodenführer muss nun die Position des Herdenführers einnehmen und mit seiner Körpersprache Sicherheit bieten. Hat das Pferd den Bodenführer akzeptiert, wird es ihm folgen. Zudem ist das Folgen auch eine Gewöhnungssache und sollte zuerst einmal am Führseil geübt werden.

Methode: Es ist wichtig ein Signal zu vereinbaren, indem man zum Beispiel mit der Gerte oder dem Stick, bevor man losgeht, auf den Boden klopft. Der Bodenführer gibt also mit der Gerte das Signal zum Folgen. Um dem Pferd die Möglichkeit zu geben, dieses wichtige Signal zu erlernen, wird die Übung vorerst am Führstrick durchgeführt.

2. **Wegschicken und gehen lassen:** Ein Pferd sollte in der Freiheitsdressur nicht nur folgen können. Wichtig ist ebenso, dass es akzeptiert, weggeschickt zu werden und dass es in der Lage ist, eine gewisse Distanz einzuhalten, ohne die Aufmerksamkeit zu verlieren. Mit deutlicher Körpersprache kann dem Pferd im Anschluss signalisiert werden, dass es wiederkommen und folgen darf. Die meisten Pferde kennen das Wegschicken bereits aus der Arbeit beim Freilaufenlassen oder auch vom Herausschicken an der Longe.

Methode: Der Bodenführer deutet mit der Armlänge an, dass das Pferd Abstand halten soll. Im Anschluss wird das Pferd mit der Gerte vom Bodenführer weggeschickt. Niemals sollte das Pferd verscheucht werden. Ziel der Übung ist es, das Pferd im Schritt ruhig und gelassen von einem zu weisen.

3. **Anhalten**: Das Anhalten ist in der Freiheitsdressur keine leichte Aufgabe. Es besteht nicht die Möglichkeit mit dem Strick zu arbeiten. Das Tier hält in der Distanz

nur an, wenn es seinen Bodenführer respektiert und die Hilfen verständlich kommuniziert werden.

Methode: Die Bande ist eine stetige Hilfe in der Freiheitsdressur und wird auch hier zum Einsatz gebracht. Der Bodenführer geht mit dem Pferd gemeinsam an ihr entlang. Das Pferd befindet sich auf dem ersten Hufschlag, der Bodenführer auf dem zweiten. In den ersten Trainingseinheiten wird die mentale Verbindung noch mit einem Führseil verstärkt. Der Bodenführer richtete sich auf, nimmt die Schultern nach hinten, macht sich groß und bleibt stehen. Bleibt auch das Pferd stehen, ist es zu loben und es ist eine kurze Pause einzulegen. Bleibt das Tier nicht stehen und der Strick kommt zum Einsatz, wird beim nächsten Mal der Weg des Pferdes leicht abgeschnitten, indem sich der Bodenführer verstärkt aufrichtet und das Pferd seitlich abgrenzt.

4. **Handwechsel:** Der Handwechsel wird anfangs so ausgerichtet, dass das Pferd immer außen an der Bande oder der Zäunung entlangläuft. Voraussetzung für die Übung „Handwechsel" ist, dass es die Lektion „Folgen" im Schritt bereits gut beherrscht.

Methode: Das Pferd ist in der ersten Übungsphase noch mit Halfter und Führstrick ausgestattet. Der Bodenführer arbeitet von der linken Seite. Der Führstrick befindet sich um den Hals des Pferdes, die Gerte ist in der linken Hand des Bodenführers. Nun wird ein Wechselpunkt ins Auge gefasst. Der Mensch richtet sich auf und hält so das Pferd vom Folgen ab. Er wendet sich ab, dreht sich mit dem Oberkörper nach rechts und versperrt dem Pferd am Wendepunkt den Weg. Der Bodenführer macht die linke Hand zu und eröffnet den Weg auf die rechte Hand. Infolgedessen wird das Tier den Handwechsel vollziehen.

5. **Die Übergänge:** In der Freiheitsdressur werden den Übergängen hohe Beachtung zuteil. Es ist unumgänglich, dass das Pferd genau auf den Bodenführer achtet. Ziel der Übergänge ist die Gymnastizierung des Tiers. Deshalb ist es wichtig, wie sie durchgeführt werden.

Methode: Wird das Pferd aufgefordert anzutraben, erfolgt dieses Kommando entlang der Bande oder dem Zaun. In dem Moment ist es besonders wichtig, die volle Aufmerksamkeit des Pferdes zu erreichen, damit die Aufgabe überhaupt gelingen kann. Der Bodenführer verlagert sein eigenes Gewicht nach vorne, trabt selbst an und unterstützt ggf. mit der Gerte das Vorwärtsgehen beim Pferd. Das Durchparieren wird in umgekehrter Reihenfolge trainiert. Der Bodenführer macht sich gerade und verlangsamt ohne ruckhaftes Einwirken den Schritt des Pferdes.

6. **Der Appell:** Er ist die wichtigste Übung, um eine Verbindung aufzubauen. Hierfür muss die Hierarchie zwischen Pferd und Mensch klar geregelt sein. Als Appell wird das Hereinkommen zum Bodenführer auf Kommando verstanden. Dies sollte nach geraumer Zeit auch von weiter Entfernung möglich sein. Es ist eine große Hilfe, wenn das Pferd zu jeder Zeit abrufbar ist und kann in der weiteren Ausbildung von Vorteil sein.

Methode: Beim Appell gibt es unterschiedliche Lernmethoden. Als Grundsatz gilt in jedem Fall, dass die Körpersprache so verständlich kommuniziert wird, dass das Pferd versteht, was von ihm erwartet wird. Man kann das „Abrufen" üben, indem man zuerst mit Longe und Kappzaum arbeitet. Ein langgezogenes Kommando, zum Beispiel „Hiieerr", vermittelt dem Pferd die Aufgabe *dem Appell zu folgen und zum Bodenführer zu kommen.*

Es ist, wie in der gesamten Freiheitsdressur, wichtig, den richtigen Zeitpunkt abzupassen. In dem Moment, in dem der Bodenführer sein Kommando spricht, ist leichter Zug auf die Longe auszuüben (nicht reißen oder ruckartig den Pferdekopf nach innen ziehen), damit sich das Tier in Richtung Bodenführer orientiert. Kommt das Pferd auf den Bodenführer zu, geht dieser einige Schritt rückwärts. Die Longe ist rechtzeitig aufzunehmen, um Unfälle zu vermeiden. Das Rückwärtsgehen bewegt das Pferd dazu, auf den Bodenführer zuzukommen. Einer der häufigsten Fehler bei dieser Übung ist es, die Peitsche in Richtung Pferd zu halten. Dies verhindert das Herbeikommen in den meisten Fällen, da diese Haltung als wegtreibende Hilfe verstanden wird. **Sehr wichtig zu erwähnen ist, dass auch diese Aufgabe nur unter einer klaren Hierarchie und mit Bedacht durchgeführt wird. Andernfalls kann diese Übung in den schnelleren Gangarten gefährlich werden.**

7. **Die Vorhandwendung:** Bei dieser Übung steht das Pferd mit den Vorderbeinen möglichst an einer festen Stelle. Die Hinterbeine treten im Halbkreis um die Vorderbeine. Mit dieser Übung wird das Pferd gymnastiziert und lernt zu weichen, wenn es der Bodenführer vorgibt. Demnach ist es auch im alltäglichen Umgang wie zum Beispiel am Putzplatz von großem Vorteil.

   Methode: Die Vorhandwendung ist eine Übung, die in der Stallgasse im täglichen Verlauf trainiert wird. Hierfür wird das angebundene Pferd zum „Umstehen" bewegt. Um die Vorhandwendung aber auch in der Reitbahn oder gar ohne Führseil zu erreichen, bedarf es Übung. Wird die Vorhandwendung auf der linken Seite durchgeführt, stellt sich der Bodenführer etwas seitlich links vor das Pferd, welches mit Kappzaum und Führstrick ausgerüstet ist. Der Bodenführer nimmt eine aufrechte Haltung ein, um dem Pferd zu signalisieren, dass es nicht vorwärts gehen darf. Das Führseil befindet sich in der linken Hand, der Pferdekopf wird in eine leichte Linksstellung gebracht. Sobald sich der Kopf nach links stellen lässt, wendet sich der Bodenführer Richtung Hinterhand und zeigt mit der Gerte, die er in der rechten Hand hält, auf diese. Durch leichtes Touchieren auf Oberschenkelhöhe veranlasst er das Tier zum Seitwärtstreten. **Unmittelbar nachdem das Pferd ausgewichen ist, muss es gelobt werden. Auch wenn der Schritt anfangs nur klein ist.**

Um die Vorhandwendung frei zu gestalten, wird die Aufgabe analog zur bereits erklärten Vorgehensweise geübt. Der Bodenführer nimmt dieselbe Position ein und verfährt genauso. Um das Tier korrigieren zu können, behält es anfangs den Kappzaum an. Eventuell ist es von Vorteil, auch das Führseil am Kappzaum zu befestigen und den Führstrick über den Hals zu legen. Gegebenenfalls muss schnell reagiert werden, wenn das Pferd die Gelegenheit nutzen will, um sich vom Bodenführer zu entfernen.

8. **Das Schenkelweichen:** Bei dieser Übung tritt die Hinterhand und die Vorderhand des Pferdes seitlich vom Bodenführer weg. Die inneren Beine treten über die äußeren Beine des Pferdes, so dass das Tier über Kreuz geht.

   Methode: Auch bei dieser Trainingsaufgabe behält das Pferd anfangs den Kappzaum und das Führseil an. Um das Pferd auf dem linken Schenkel weichen zu lassen, steht der Bodenführer etwas seitlich, links vor dem

Pferd. Das Tier wird mit dem Führstrick nach links gestellt. Die Gerte befindet sich in der rechten Hand. Nun beugt sich der Bodenführer leicht nach links und tippt das Pferd am Bauch mit der Gerte an. Um den richtigen Punkt zu finden ist die Stelle zu suchen, an der das Pferd eventuell etwas kitzlig ist. Im Allgemein liegt er zwei Handflächen von der Gurtlage entfernt. Das Vorwärtsgehen wird durch leichtes Annehmen und Nachgeben über das Führseil verhindert. Wichtig ist, nicht starr dagegen zu halten, sondern immer wieder dem Druck nachzugeben. Andernfalls wird es zu einem Kraftakt und sowohl Pferd als auch Mensch beenden unzufrieden die Übung. **Auch bei dieser Übung ist das Pferd schon bei einem noch so kleinen Weichen sofort zu loben.**

Wird das Schenkelweichen nun frei geübt, behält es auch hier anfangs wieder den Kappzaum an und das Führseil wird über den Pferdehals gelegt. Die Position des Bodenführers ist dieselbe, wie bereits beschrieben.

Diese Übungen sind die Grundübungen der Freiheitsdressur. Es gibt noch viele weitere Übungen, etwa das freie Laufen auf dem Zirkel, die Längsbiegung oder das Erlernen von Bahnfiguren. Alle Beispiele sind stark an die klassische Reitlehre angelehnt. Die hohe Schule der Freiheitsdressur umfasst den versammelten Trab, Schulterhervor, traversartig den Zirkel verkleinern, Kurzkehrtwendung, Hinterhand Wendung, Pirouetten, Traversalen, Piaffe, Passage, Seitengänge im Galopp und vieles mehr. Um diese weiterführenden Lektionen zu erlernen, benötigt man Geduld und Zeit. In allen Fällen ist das richtige Einsetzen der Hilfen von ausschlaggebender Bedeutung. Das Erlernen der Hilfen kann durch fundierte Fachliteratur oder, noch besser, durch Fachkurse in der Freiheitsdressur angeeignet werden.

FAZIT

Die Freiheitsdressur ist mehr als der romantische Gedanke, mit dem Pferd ohne Hilfsmittel in Freiheit zu arbeiten. Losgelassenheit ist die Grundlage der Freiheitsdressur und sollte immer das oberste Ziel sein. Vertrauen und Gehorsam wird auf diese Weise erzeugt und gestärkt.

Die Pferdemassage

Das letzte Kapitel unseres Ratgebers soll diesen formvollendet abrunden und dem geliebten Vierbeiner etwas zurückgeben. Selbstverständlich profitiert unser Pferd von der Bodenarbeit und bleibt körperlich und geistig in Bewegung. Die meisten Pferde würden ihr Stallleben aber mit Sicherheit freiwillig gegen ein Leben in freier Natur in einer Herde und ohne die Arbeit mit dem Menschen eintauschen. Deshalb sollten wir uns regelmäßig bei unserem Pferd bedanken und ihm diese Dankbarkeit auch zeigen. Durch die sensiblen Antennen der Pferde, stellen sie schnell fest, dass der Mensch ihnen etwas Gutes tun möchte, und wissen dies ganz gewiss zu schätzen. **Die Pferdemassage** ist eine ausgezeichnete Möglichkeit den Kontakt und die Verbindung zum Pferd zu intensivieren und eine liebevolle Beziehung aufzubauen.

Eine Pferdemassage zu erlernen ist nicht schwer. Es gibt einfache Griffe mit großer Wirkung, die man ganz leicht selbst anwenden kann.

Vorteile einer Pferdemassage:

- Sie fördert die Durchblutung des Pferdes.
- Die Massage kann dazu beitragen das Hormon „Endorphin" freizusetzen, welches Schmerzen lindern kann.
- Eine Massage fördert die Stoffwechselproduktion und kann zum Abbau von Giftstoffen beitragen.
- Durch die Massage wird die Sauerstoffaufnahme verbessert.
- Muskeln werden gelockert und Verspannungen gelöst. Dies führt zu einer Verbesserung des Bewegungsablaufes.
- Faszien und Verklebungen des Gewebes können gelöst werden.
- Das Körpergefühl des Pferdes verbessert sich.
- Zwischen Pferd und Mensch entsteht eine neue Art von Nähe.

Voraussetzungen für eine Pferdemassage

1. Es ist wichtig in einer ruhigen Umgebung zu massieren. Am besten man sucht sich einen ruhigen Platz in der

Box, am Putzplatz um die Ecke oder alleine auf dem Roundpen. Es macht keinen Sinn zur „Rushhour" in der Stallgasse zu massieren.

2. Kurze Fingernägel sind wichtig, um das Pferd nicht zu verletzen.
3. Wenn man selbst ruhig und entspannt ist, schafft man eine gleichwertige Atmosphäre.
4. Um selbst nicht zu verspannen, ist eine gerade und lockere Körperhaltung wichtig.

Massagegriffe für Pferde

1. **Fingerstreichung**: Bei der Fingerstreichung streicht man, wie der Name schon sagt, mit den Fingern über den Körper des Pferdes. Am besten wird am Hals hinter den Ohren begonnen. Bei der Fingerstreichung wird mit nur wenig Druck gearbeitet und die Meridiane des Pferdes sanft bearbeitet. Diese leichte Art der Massage fördert die Durchblutung des Pferdes und stellt sicher, dass im Nachhinein kaum bzw. kein Muskelkater durch die Massage entsteht.
2. **Die Effleurage (Handstreichung)**: Es wird mit den Handflächen über den Pferdekörper gestrichen. Wichtig ist, nicht gegen die Haarstruktur zu streichen. Dies empfinden die meisten Pferde als unangenehm. Auch hier wird am besten am Pferdehals, hinter den Ohren begonnen. Es entspannt die Muskeln und beruhigt das Pferd. Außerdem transportiert es die Gewebsflüssigkeit und wirkt wie eine Drainage. Die Effleurage, kann man auch sehr gut für die Ganaschenausstreichung nutzen und somit den Kaumuskel ideal entspannen. Für die meisten Pferde ist das ein wahrer Wohlgenuss.

3. **Drücken des Mähnenkamms**: Der Mähnenkamm wird zwischen Daumen und den restlichen Fingern genommen. Mit sanftem Druck wird dieser nun vom Pferdegenick bis zum Widerrist geknetet. Schon bald wird das Pferd den Kopf senken und ggf. abkauen. Dies ist ein sehr gutes Zeichen und deutet auf Entspannung hin.

4. **Die Vibration**: Für die Vibration wird die Hand z.B. auf den Rücken des Pferdes gelegt. Nun wird aus dem Ellenbogen heraus ein Vibrieren bzw. Zittern erzeugt. Für diesen Massagegriff gibt es auch sehr gute Hilfsmittel wie ein Mini-Massager oder ein richtiges Massagegerät für Pferde. Ebenso kann man eine Massagedecke für Pferde nutzen. Hierbei geht allerdings der direkte Kontakt und somit der Beziehungsaufbau verloren.

FAZIT

Eine Pferdemassage bewirkt nicht nur Entspannung, fördert die Durchblutung und lindert Schmerzen, sondern sie trägt auch dazu bei, eine bessere Verbindung zwischen Mensch und Tier herzustellen und eine Beziehung aufzubauen. Vor der Trainingseinheit sorgt die Massage für eine bessere Beweglichkeit und für einen ausgeglichenen Einstieg in die Arbeit. Nach dem Training kann es Muskelkater vorbeugen, den Trainingseffekt intensivieren und eine meist willkommene Belohnung sein.

Nachwort

Die Bodenarbeit ist, nach dem klassischen Reiten, der wichtigste Baustein in der Zusammenarbeit mit Pferden. Bodenarbeit ist keinesfalls langweilig. Sie ist, bei richtiger Ausführung, eine ideale Trainingsmethode und hilft dem Pferd durch gezielte Bewegung die Gesundheit zu erhalten und es zu gymnastizieren. Alle Trainingsmethoden haben ein gemeinsames Ziel: die Zusammenarbeit von Mensch und Tier zu bereichern, Vertrauen aufzubauen und eine enge Bindung herzustellen. Außerdem profitieren Besitzer und Pferd von einem gleichmäßigen Muskelaufbau, Losgelassenheit und guten Manieren.

Bei der Arbeit mit Pferden sollte man sich bewusst machen, dass man es mit einem hochsensiblen Tier zu tun hat. Aus diesem Grund ist umfassendes Fachwissen eine Grundvoraussetzung, die fortlaufend aktualisiert und erweitert werden muss. Selbstverständlich kann man nicht von Anfang alles richtig machen, doch man sollte bereit sein zu lernen. Nicht alles funktioniert mit „learning by doing", oft kommt man nur mit fachlichen Kursen, Fortbildungen oder einem Trainer an sein Ziel.

Ein großer Dank geht hier an all die großen Pferdemeister, deren Methoden fachgerecht und vor allem pferdefreundlich gestaltet sind. Ich bedanke mich in diesem Zusammenhang aber nicht zuletzt bei meinen Pferden Warisa, Lionel und Graziella! Sie bilden mich seit Jahren im täglichen Umgang, in der Bodenarbeit und unter dem Sattel weiter.

Ihnen wünsche ich viel Freude mit diesem Ratgeber und hoffe, dass er Ihnen beim Einstieg in die verschiedenen Arten der Bodenarbeit hilft. Vergessen Sie nicht: alles hat einen Anfang. Um erfolgreich zu sein, ist Wissen und Geduld die Grundlage. Arbeiten wir also nicht nur am Pferd, sondern vor allem an uns.

Ihre

Carina Dieskamp

Literaturverzeichnis

- Prof. Dr. Dr. med. vet.habil. P.Thein, Handbuch Pferde, Zucht, Haltung, Ausbildung, Sport, Medizin, Recht, BLV Verlag, 127-137, 139, 294-307, 325-343
- S.Miesner,W.Gerhmann, R.Hilbt, E.Meyners, M.Putz. Richtlinien für Reiten und Fahren – Longieren, Band 6.Deutsche Reiterliche Vereinigung FN, 10-12, 14-27, 29-33,35-42,44
- B. Rau, Fahrschule fürs Pferd. Die sichere Vorbereitung auf das Einfahren. KYNOS Pferdeverlag, 32-36, 44-48
- Bent Branderup, Akademische Reitkunst – Bodenarbeit V.2, Müller Rüschlikon Verlag, 27, 31,33, 8-10, 16-22, 24, 77-92, 139-141, 174-178, 187
- J.Wild, P.Classen, Übungsbuch Natural Horsemanship, Kosmosverlag,, 15-20, 23, 40, 50-66, 75-84
- U. Weinzierl, Der Pferdeversteher – Wie ich zum Horseman wurde und was Sie daraus lernen können, BLV Verlag,
- N. Penquitt, Lernspiele für Pferde – Lernen spielend leicht gemacht, die neue Reiterpraxis, Cadmos Verlag, 7-8, 12-19, 24-49,
- M.Geitner, A.Schmid, Geitners Bodenarbeits-Kit, Pocket Training, Müller Rüschlikon Verlag, Karten: 1-30
- Dr. T. Ritter, Die Arbeit am langen Zügel – vom Anfang bis zur Levade, Cadmos Verlag, 17-42, 60-63, 77-80

- B. Rieskamp, Freiheitsdressur mal klassisch, Dressur-lektionen am Boden entwickeln, Prinzipien-Übungen bis zur Hohen Schule, 14-17, 24-25, 27-29, 49-99,

Bildquellen: Alle Bilder und Zeichnungen stammen von www.pixabay.de, www.depositphotos.com oder wurden selbst angefertigt.

Weiterführende Literatur:

- Uwe Weinzierl: Der Pferdeversteher. Wie ich zum Horseman wurde und was Sie daraus lernen können, BLV Verlag,
- Dr. T. Ritter: Die Arbeit am langen Zügel – vom Anfang bis zur Levade, Cadmos Verlag
- Bent Branderup: Akademische Reitkunst – Bodenarbeit Vol.2
- Sigrid Schöpe: Bodenarbeit mit Stangen und Pilonen, Kosmos Verlag
- Ingolf Bender: Praxishandbuch Pferdehaltung, Kosmos Verlag
- Dr. Barbara Schöning: Körpersprache und Kommunikation, Probleme lösen und vermeiden. Kosmos Verlag
- Marthe Kiley-Worthington: Pferdepsyche, Pferdeverhalten. Franckh Kosmos Verlag
- Babette Teschen: Praxiskurs Bodenarbeit, Kosmos Verlag
- Sylvia Czarnecki: It's Showtime, Cadmos Verlag
- Christine Lange: Was tun, wenn... Pferde erziehen mit viel Vergnügen. BLV Verlag
- Gillian Higgins: Anatomie, Gymnastizierung, Muskelaufbau. Kosmos Verlag
- Viviane Theby: Pferde Gymnastizieren mit dem Clicker, Müller Rüschlikon Verlag
- Gabriele Boiselle: Kenzie Dysli und die Pferde, Müller Rüschlikon Verlag

Impressum:

© 2021 Carina Dieskamp

1. Auflage

Kontakt: Lars Hütz/Dückersstraße 9a/40667 Meerbusch

info@published4you.de

Druckerei: Amazon Media EU S.à r.l., 5 Rue Plaetis, L-2338, Luxembourg

Printed in Great Britain
by Amazon